管理革新

实现成长期企业组织跃迁

孙晓平 ◎著

图书在版编目（CIP）数据

管理革新：实现成长期企业组织跃迁 / 孙晓平著 . —北京：机械工业出版社，2023.10
ISBN 978-7-111-74087-2

I. ①管… II. ①孙… III. ①企业管理 IV. ① F272

中国国家版本馆 CIP 数据核字（2023）第 198591 号

机械工业出版社（北京市百万庄大街 22 号　邮政编码 100037）
策划编辑：孟宪勐　　　　　　　　责任编辑：孟宪勐
责任校对：樊钟英　彭　箫　　　　责任印制：单爱军
北京联兴盛业印刷股份有限公司印刷
2023 年 12 月第 1 版第 1 次印刷
170mm×230mm・17.25 印张・1 插页・221 千字
标准书号：ISBN 978-7-111-74087-2
定价：79.00 元

电话服务　　　　　　　　　网络服务
客服电话：010-88361066　　机　工　官　网：www.cmpbook.com
　　　　　010-88379833　　机　工　官　博：weibo.com/cmp1952
　　　　　010-68326294　　金　书　网：www.golden-book.com
封底无防伪标均为盗版　　　机工教育服务网：www.cmpedu.com

赞誉

企业业务增长背后的驱动因素是组织能力。没有组织能力升级做支撑，仅靠营销和资本拉动的增长是暂时的虚假繁荣。

基于超过200家成长期企业管理咨询实践，诚合益通过真实案例总结了成长期企业面临的共性问题和痛点，提出了本书的核心模型——"成长期企业管理革新五力模型"。

强烈推荐给企业CEO和管理团队，本书能让你们更从容、更具前瞻性地应对成长期企业面临的管理挑战，帮助你们少走弯路、练好内功，实现组织能力跃迁。

俞 熔
美年健康集团（SZ 002044）创始人、董事长

商业丛林中没有康庄大道。企业要实现持续发展，需要通过组织力的升级，以战略、组织、人才、机制和文化的联动，推动业务力的突破和增长。

这是一本工具书，集合了中小型企业提升转型的真实案例，从牵引力、统合力、生命力、驱动力、向心力五种力量，以咨询公司的视角，分析"过来人"的痛点，给"后来者"提供方法和工具，堪称企业成长的"避坑指南"，能助力成长期企业实现转型提升的惊险一跃。

王晓红
北京外企人力资源服务江苏有限公司总经理、
江苏省人力资源服务行业协会常务副会长

从 2017 年至今的近 7 年时间里，很感谢孙老师及其咨询团队持续的陪伴与帮助。伴随着公司的快速成长，我们双方共同围绕组织设计优化提升、薪酬激励体系优化变革、人才盘点高效配置、战略研讨解码落地等不同主题，一次又一次地推进组织的跃迁发展。非常高兴看到孙老师将咨询实践中的有效方法，通过深入思考，系统整理为"成长期企业管理革新五力模型"，也希望本书的模型工具能够助力更多成长期企业实现高质量发展。

袁守国
江苏现代路桥有限责任公司董事长

世界万变，行业交替，生物医药产业已成为经济发展的新引擎，"创新驱动""新领域、新赛道""发展新动能、新优势"更是我们在新时代需要持续关注与突破的命题。我在企业发展和组织变革中，有幸得到孙晓平老师及其团队的助力，《管理革新》一书更是深入剖析了成长期企业的特点与挑战，较为系统、全面和辩证地给出了发展路径与解决方法。

企业主动自我管理革新，是创新发展的必经之路！

周旭一
中翰盛泰生物技术股份有限公司董事长

关于企业管理的学习往往都很枯燥，孙晓平老师的《管理革新》从真实的企业案例出发，通过实际的场景和有效的模型，帮助我们有序推进企业的管理革新并不断迭代升级，真正做到学以致用。

徐力群
浙江佳华精化股份有限公司董事长

作为孙老师多年的老朋友兼老客户，我非常开心能看到他的第二本书出版。在如何推动企业高效发展这一问题上，书中的"成长期企业管理革新五力模型"给了我们一个很好的思考框架,同时,为了便于理解,书中描述了很多极为贴近我们现实的生动案例。建议CEO都来读一读,并尝试刻意练习自己的系统和逻辑思维。

陈庆杰
贾不假女鞋品牌创始人、CEO

作为企业家,我深知成长期企业的迷茫、无助和挑战。本书在战略与目标、组织与机制、人才与团队、绩效与激励、协同与领导五大维度上给予我们非常清晰的指导建议。它就像一本创业指南,给予成长期企业很多实战性的建议。企业是一群人思想的聚集地,世界上没有两家企业是一样的。孙晓平是一位管理经验丰富的老师,他用众多实际案例把企业经营中遇到的大部分问题清晰地归类和分析,然后分享给我们,让我们受益匪浅。

沈兴秋
东笙(宁波)科技有限公司CEO

我在梵行CEO的课程上认识了孙晓平老师,同时有幸请到孙老师辅导我们制订科学合理的年度经营规划,让成长中的我们在不确定性的环境中保持了竞争力和业绩增长。

做好一家企业是充满挑战的系统工程,在企业成长过程中,必须持续学习,掌握科学管理的理念和方法,才能提升企业成功的概率。如果要找一本书来学习,我强烈推荐孙晓平老师的《管理革新》。

王永宝
口袋屋游乐品牌创始人、CEO

孙老师的新作结构清晰、逻辑有序,我们能够轻松跟随其思路,深入理解管理革新的路径,这是一本非常有价值的书。书中提出了"业务增长坐标"模型，通过市场、产品及交付三个维度的探索和设计，帮助成长期企业设计有效的业务增长战略。其中的案例分析和模型都非常实用，能协助企业家更好地分析和决策。我相信这本书将成为成长期企业管理者的必读之作。

邱涵瑜

啊咪啦童装品牌创始人、CEO

十几年前我在担任某民营 500 强集团企业的副总裁时，与孙晓平老师结识，之后多有合作交流，非常欣赏孙老师正直、专注和踏实的风格。这是孙老师的第二本著作，孙老师及其团队对成长期企业长达十几年研究和咨询的深厚功底，在本书中淋漓尽致地展现了出来。本书不但有系统的模型框架，还有逻辑严密的方法工具，更有真实共性的案例场景。我相信这本书可以帮助广大的成长期企业 CEO 及管理者内心笃定地推进各项管理机制的搭建落地，实现组织升级跃迁。这也正是孙老师经常和我提到的他们的使命：帮助和陪伴成长期企业搭建有效的管理机制，实现高质量发展。

胡小梅

南京诺唯赞生物科技股份有限公司董事、副总经理

在当下的经济环境中，众多的成长期企业都在苦苦寻觅企业的变革成长之道，不加辨别、思索的拿来主义，又常使企业陷入更深的困境。孙晓平老师带领的诚合益团队，一直高度关注成长期企业的发展，两年时间精磨一剑，推出了《管理革新》一书。此书从真实的案例场景出发，触及成长期企业面临的典型问题，运用相应的模型工具和结构框架，帮助读者建立辩证平衡与系统逻辑思维，引发深层思考，识别自身企业问题的共性与个性，有的放矢地解决企业变革中的诸多实际问题，在阅读

过程中建立自身的知识体系。这是一本学以致用、授之以渔的好书，值得反复阅读与收藏。

张冬梅

金鹰国际商贸集团（中国）有限公司副总裁

凭借多年亲历的咨询实践及深厚的管理理论积淀，晓平为处于成长期的企业管理者奉献了一部系统且实用的行动指南，我对书里总结的成长期企业存在的问题、要面对的挑战以及可能的解决方案都很有共鸣，尤其对一些真实案例的分析印象深刻，建议企业处于成长期的老板及高管都读一读这本书，相信大家一定会受益匪浅。

公言非

A.O.史密斯原HRVP、麦斯顿咨询创始人

本书汲取了200余家成长期企业管理咨询实践的经验，围绕企业进入成长期通常会陷入"业务增长挑战管理，管理挑战限制业务增长困境"的普遍现实，提出解锁成长期企业业务可持续增长的钥匙在于管理革新，即通过管理革新，塑造组织能力，以组织能力驱动业务增长。作者将这把钥匙定义为"成长期企业管理革新五力模型"，即"牵引力、统合力、生命力、驱动力、向心力"，涵盖战略与目标、组织与机制、人才与团队、绩效与激励、协同与领导等企业全面管理的各个方面。作为一名具有20余载人力资源管理经验的资深HR，我认为本书对于企业家来说最大的价值或者亮点在于它不是"生搬硬套"，而是让读者"学以致用"。本书的写作逻辑遵循：给出真实案例场景，企业家对照寻找自身企业问题；按照"成长期企业管理革新五力模型"分析、设计解决方案；在实践中检验、升级、优化。因此，本书不仅能帮助成长期企业家构建"辩证平衡"与"系统逻辑"两大思维能力，更是为企业解决现实问题提供

了有效工具。

卫爱君
雨润控股集团人力资源副总裁

本书所提出的"成长期企业管理革新五力模型",为成长期企业的组织能力跃迁提供了一套可操作、可复制的强大模型,是非常好的方法论与工具体系。

本书所提供的真实案例及业务或组织场景反映了成长期企业的常见问题与痛点,非常有代表性,容易引发企业家与管理者的共鸣。在这些问题的基础上,作者提出了组织中的"九对矛盾",归纳总结为战略与目标、组织与机制、人才与团队、绩效与激励、协同与领导五大维度,并进一步对应"牵引力""统合力""生命力""驱动力""向心力",从而形成了本书的核心模型——"成长期企业管理革新五力模型"。

长期以来,中国很多成长期企业在组织能力跃迁上普遍面临的问题要么是"草根"暴发后的"胡作非为",要么是迷信外企的"全盘西化",结果要么是章法混乱,要么是水土不服,导致组织停滞不前甚至走向凋亡。所以,本土企业与企业家都急需一套深入浅出、操作性极强的方法论,它既能在不同组织中落地实施,又能在其基础上自行迭代,演化为不同组织自己的知识体系。

本书极好地满足了上述需求,是以虚务实、以实悟虚的极佳典范,强烈推荐。

严晓东
百胜餐饮集团 HRD

面对经济环境的不确定性、激烈的外部竞争,成长期企业如何实现突破,避免昙花一现?孙老师在本书中以"真实场景 + 有效模型 + 迭代做法",给出了"成长期企业管理革新五力模型",归纳总结了成长期企业实现组织突破和跨越的成功方法及工具。

在阅读中,我结合自身在企业变革中的困惑、阻碍,以及在人力资源工作中遇到的问题和挑战不断反思,得到了深入启发。

本书是对成长期企业实现组织革新的研究和探索,相信会给更多的同行提供帮助。

贺敏芳
易宝软件 CHO

"最有效的管理团队 = 有职业管理气质的企业家 + 有企业家精神的中高层管理团队",这本书是我读到的最深刻且最实用的、能够助力企业实现组织能力升级的宝典,它既能够让企业家有职业化理念和行为,也能让管理者知道何为企业家精神以及如何践行。此外,"成长期企业管理革新五力模型"也能够解决"橘生淮南则为橘,生于淮北则为枳"的管理跃迁问题。

邵 倩
南京麦澜德医疗科技股份有限公司人力行政总监

目录

赞　　誉
推荐序一　业务增长，源于组织的跃迁
推荐序二　拿着别人的旧地图找不到你的新大陆
推荐序三　企业如何跨越成长期陷阱
前　　言　成长期企业的业务增长与管理挑战

第 1 篇　成长期企业的管理革新

第 1 章　成长期企业的典型变化与问题　　3
企业不同生命周期阶段的特征　　3
企业进入成长期后的典型变化与问题　　6
成长期到成熟期的本质是目标的跃迁　　8

第 2 章　成长期企业管理革新五力模型　　12
成长期企业需要平衡的九对矛盾　　12
面对矛盾唯有主动管理革新　　15
五种力量推动管理革新　　16

第 2 篇　打胜仗
管理革新五力模型之牵引力

第 3 章　业务增长:"坚守核心"与"分形创新"　25
- 战略规划起点三问　26
- 定义业务增长战略　29
- 设计有效的业务增长战略　35

第 4 章　目标管理:对齐"当下"与"未来"　42
- 从战略到执行的目标管理体系　43
- 目标管理的两大本质　54
- 同频共识保障目标落地　59
- 目标共创和共识研讨的注意事项　60
- 目标管理中的若干现实难题　62

第 3 篇　布阵型
管理革新五力模型之统合力

第 5 章　机制流程:"个体"与"系统"相互成就　71
- 优秀个体带来的"优势陷阱"　72
- 组织不能依赖任何单一个体　73
- 不同场景下"个体"与"系统"的相互成就　75
- 四大系统和机制牵引个体行为　79

第 6 章　组织设计:平衡"整合"与"分化"的力量　86
- 组织设计的核心与逻辑　87

　　　　组织设计因素 1：流程与功能　　　　　　　　　　89
　　　　组织设计因素 2：效率与能力　　　　　　　　　　95
　　　　组织设计因素 3：战略与客户　　　　　　　　　　103

第 4 篇　点兵将
管理革新五力模型之生命力

第 7 章　人才管理："事"为先，"人"为重　　　113
　　　　因人排事的管理困境　　　　　　　　　　　　　114
　　　　合理配置，关注人效　　　　　　　　　　　　　115
　　　　精准选人的三大关键思考　　　　　　　　　　　119
　　　　盘点人才，构建梯队　　　　　　　　　　　　　124

第 8 章　新老融合："旧习惯"融入"新要求"　　137
　　　　新任管理者转型升级　　　　　　　　　　　　　138
　　　　空降高管高效融合　　　　　　　　　　　　　　145
　　　　老功臣发挥新能量　　　　　　　　　　　　　　152

第 5 篇　论赏罚
管理革新五力模型之驱动力

第 9 章　绩效管理：盯"过程"，拿"结果"　　　163
　　　　三大视角认知绩效管理　　　　　　　　　　　　164
　　　　过程中努力，结果上奖励　　　　　　　　　　　170
　　　　绩效指标设计的五大实操问题　　　　　　　　　174

　　　　开好经营复盘与绩效改进会议　　　　　　　　　　178

　　　　经营复盘与绩效改进五步法　　　　　　　　　　　183

第10章　精准激励：兼顾"物质"与"精神"　　　　191

　　　　优秀骨干为什么流失　　　　　　　　　　　　　　192

　　　　三大维度实现精准激励　　　　　　　　　　　　　198

　　　　"先分后干"还是"先干后分"　　　　　　　　　206

　　　　新生代员工内在动机激发"三感"　　　　　　　210

第6篇　聚人心
管理革新五力模型之向心力

第11章　打造有企业家精神的中高层管理团队　　　217

　　　　具备企业家精神的人有三个特点　　　　　　　　218

　　　　培养面向未来的创新与企业家精神　　　　　　　220

　　　　打造基于责任和贡献的协同团队　　　　　　　　222

第12章　塑造有职业管理气质的企业家　　　　　　　228

　　　　自我突破，警惕优势陷阱　　　　　　　　　　　229

　　　　目光放在外部，而非沉溺于内部　　　　　　　　231

　　　　把绩效作为评价标准，而非个人喜好　　　　　　232

　　　　扬人所长，而非求全责备　　　　　　　　　　　233

　　　　拥抱异见，而非一言堂　　　　　　　　　　　　235

　　　　基于事实，面向未来，做艰难决策　　　　　　　236

　　　　身体力行，为组织塑造价值观　　　　　　　　　238

FOREWORD

推荐序一
业务增长，源于组织的跃迁

业务增长的背后，是组织的跃迁。

增长和持续发展，是企业面对的永恒挑战。业务增长乏力的根源，往往在组织。早在近 70 年前，德鲁克就一针见血地指出，组织的成长"不是古典物理学的渐进过程，而是量子现象"。

组织的跃迁，依赖于创业家的角色转变：从业务、技术高手到组织设计师。近年来，"赋能"的概念流行甚至泛滥。赋能的本义是什么？赋能不是提高员工的能力，而是设计合适的组织环境，从而让员工有机会充分释放自己的创造力。人的行为，常常是环境的产物。赋能，意味着最高领导层要"理解并运用组织原则"，成为组织的设计师。

"他必须承认，自己已经不再是受人赞赏的明星了，而必须是一位'导演'。"

组织的跃迁，依赖于创业家倾力打造一支有企业家精神的职业经理人团队。为何阿里巴巴、龙湖等公司纷纷探索建立事业合伙人机制？管理终归要回到人和人性的因素。"管理者的远见、正直品行和奉献精神，决定了管理的正确与否，与所经营事业的是非成败。"从超级明星加一群助手的初始模式，进化到打造和真正依靠管理团队的力量，是所有组织在成长过程中的最关键一跃。

很多创始人总是觉得无人可用，痛感组织内"很多人还没有做好准备成为高管"，按德鲁克的观察，这是创始人自身急需突破的典型征兆。

组织的跃迁，归根到底，依赖于一位有职业管理气质的创业家。组织跃迁的背后，是创始人的领导力突破。职业管理气质，意味着愿意从明星转变为导演，建设组织；愿意学习和学会依靠团队的力量；愿意包容人的缺点，尊重多元，收敛自己的主观喜好，依靠绩效表现来评价人；愿意主动约束自己的权力，"头衔意味着责任，而非权力"……

具有职业管理气质的创业家，会"臣服"于组织的需要：从企业家的企业，到企业的企业家。

对于志存高远的创业家来说，发展事业、建设组织，是一场风险和乐趣并存的创作探险。除了勇气之外，也需要科学的方法。本书基于晓平老师和诚合益团队多年咨询经验，提供了一套简明的方法论，并融合了德鲁克的管理实践智慧。期待更多企业家朋友能从中获益，实现领导力的自我突破，并引领组织的跃迁！

康至军
"12个德鲁客"创始人

FOREWORD

推荐序二
拿着别人的旧地图找不到你的新大陆

处于成长期的中小企业的创始人通常勤奋且忙碌，除了对经营中的很多事情会亲力亲为外，还常常会出现在各种学习课堂的现场，越学越多，越学越焦虑，越学越迷糊。因为他们总是被一个假设影响至深，这个假设就是"创始人的认知就是企业最大的天花板"。

这句话乍一听确实也找不出什么毛病，但最大的困惑在于哪些方面的"认知缺陷"才是企业发展的障碍呢？对什么方面的认知提升可以让企业突破天花板呢？往往在对这两个问题的答案的探寻中，很多中小企业的创始人或高管会陷入一个最大的误区，就是盲目地向标杆组织学习：哪些企业在现阶段取得成功，就向哪些企业学习。

所以，在过去20年，我们向万达、万科这样的房地产企业学习，向阿里巴巴、腾讯这样的互联网企业学习，向华为这样的科技制造企业学习，向字节跳动这样的以算法为驱动的企业学习，其实不同企业成功的方法与企业商业模式、所处时代背景、宏观经济趋势、竞争环境等都有很强的相关性，盲目地学习有着巨大的风险，拿着别人的旧地图是找不到你的新大陆的。

我特别认同本书作者孙晓平老师提出的"学以致用＝真实的场景＋有效的模型＋迭代的做法"，对此，谈谈我的一些想法。

首先，真实的场景就是还原企业经营事实的环境，这一点特别重要。这本书有一个大的企业生命周期的背景，就是针对处于爱迪思提出的学步期和青春期的企业。这两个阶段的企业有一个共性的特点，就是各种管理问题与挑战开始凸显，要么实现目标的跃迁，进入下一个企业阶段，要么长时间停留在原地，不断熵增，直至毁灭。所以，每一位阅读者需要站在这个背景之下进行思考和实践。

其次，有效的模型是浓缩的现实，是穿越了表象的普遍性思维方式，但任何模型都有其适配性和局限性。孙晓平老师有着多年的咨询经验，针对这个阶段的企业给出了有效并且得到了印证的模型指导，给了大家一个非常好的学习方向和认知框架——"成长期企业管理革新五力模型"，模型中涵盖了推动组织跃迁的五种力量，分别是战略与目标（牵引力）、组织与机制（统合力）、人才与团队（生命力）、绩效与激励（驱动力）、协同与领导（向心力）。这个模型兼顾辩证平衡与系统逻辑两大思维，实属难得。

最后，迭代的做法是我们每一个应用者需要好好思考并付诸行动的，再优秀的图书也只能表达我们现实的沧海一粟，一家真正优秀的企业只有集前人智慧，最终才能成为独一无二的自己，我相信，你可以在这本书中找到答案。

在这本书中，孙晓平老师用他系统性的商业思维和扎实的实操经验，给那些坚持梦想、拼搏前行的创业者提供了一份宝贵的鼓励和支持。衷心祝愿这本书能够走进更多人的视野，引领更多的创业者突破认知的天花板，带领企业走向更大的辉煌和更美好的未来。

欧德张

布道教育创始人、组织领导力实战专家、畅销书《铁军团队》作者

FOREWORD

推荐序三
企业如何跨越成长期陷阱

管理学家伊查克·爱迪斯曾用 20 多年研究企业如何发展、老化和衰亡，提出企业生命周期理论，可简单总结为四大阶段：创业期、成长期、成熟期和衰退（再生）期。

每个阶段对应不同的目标与挑战。

在创业期，企业的生存和发展更多依赖于创始人的个人能力，最大的目标与挑战是解决生存问题，实现一定的业务增长。

在成长期，企业业务规模快速扩大，同时也要开始建立组织架构、规章制度，最大的目标与挑战是业务增长、提升效率和创新。

在成熟期，企业的制度相对完善，最大的目标与挑战是如何实现可持续高质量发展。

在衰退（再生）期，企业官僚气息盛行，业绩不断下滑，最大的目标与挑战是在主业务衰退前找到第二发展曲线。

我在创办新商业知识公众号"笔记侠"后，总结了数万条商业知识，在陪伴服务了上千名创业者后，我发现，企业最难的阶段还在成长期。而我们"笔记侠"的"使命"初衷就是帮助决策管理者学得更好、做得更好。于是，我们启动了"笔记侠"转型升级私董会，每一期陪伴 15 个不同行业的创业者会员转型升级。

举个我身边的例子，"一手"创始人兼CEO蒋昀，他做的是线上一件起批的服装供应链电商平台，有了这个平台，服装小店店主不用再为进货奔波劳苦，在家拿起手机就可看新款、选好货，并且订单直接从工厂源头发货。伴随着业务的开展，"一手"成功从创业期进入成长期，逐渐从一个交易撮合平台，演化为"撮合＋深度服务"平台。"笔记侠"私董会有幸陪伴与服务了"一手"的转型升级，对此我非常欣慰。

成长期的企业，随着业务的快速增长，挑战、难题也逐渐显露。这时候企业主要面临五大危机。

第一，机会太多，缺乏战略聚焦。成长期的企业在赶上行业红利时，会有一段爆棚式发展，创始人的心态可能会变得浮躁，这就有可能使企业的战略不聚焦，对市场上的风吹草动都要响应，不管自己擅长什么，都要试一试，结果显而易见。

第二，业绩规模增长，利润下滑。此时成长期的企业要快速提高市场占有率，从竞争对手手里抢客户，通常会通过价格战等方式来竞争，这就会导致利润下降。

第三，人员增多，管理成本增高。在业务规模极速扩张、产品业务线增多时，相应的人员也会快速增加，人效开始走低，管理成本却在不断增加。

第四，组织分级增多，组织架构冗余。随着员工的增加和规模的扩大，企业内部各种关系变得复杂，不得不增加组织层级，导致从一线员工获得的信息传导到高层极其慢。

第五，创始人的角色难以转变。伊查克·爱迪斯认为"创始人既是公司最大的资产，也是最大的风险"，企业只能在创始人的思维空间里成长，企业的天花板往往就是创始人的认知上限。因此，成长期的管理创新能否成功，最重要的是创始人能否转变自身角色。

这些问题，所有成长期的企业都会遇到。这时，创始人需要聚焦关键问题，提高决策质量，既能看到全局，又能单点突破，完成核心竞争力的正确搭建，完成从授权到分权、从传承到创新、从个人能力到组织能力的演进。这就像西天取经一样，一关又一关，多数人受制于惯性思维，是做不到的。

那么，如何才能安全度过成长期？

2022年，我与诚合益咨询创始合伙人孙晓平进行了两次直播对谈，他分享道："在我们咨询辅导的企业中，有超过200家企业处于成长期，它们面临很多增长和管理上的难题。"

他将这些企业的共性问题进行了梳理，总结出这本《管理革新》。

我在仔细拜读后，受益匪浅。这本书提出"成长期企业管理革新五力模型"，涉及五个维度：战略与目标、组织与机制、人才与团队、绩效与激励、协同与领导。

第一个维度：**战略与目标**。

战略是选择做什么、不做什么，目标是将中长期战略转化为具体可执行的任务，从而牵引组织和团队"力出一孔"。

我曾经听说，有一个创始人，他生怕错过风口红利，所以只要一出现风口，他都想追一追，VR来了，赶紧去研究，元宇宙来了，又赶紧去研究，最后陷入了战略迷失。

创始人要明白，自己的每一个决策，背后都是大量的执行成本。所以，在做战略规划时，一定要先认清"我"是谁，厘清自己的使命、愿景、价值观，再通过想象成功画面，找到方向和目标；然后，与团队一起想，通过什么样的路径来达到目标，并将路径转化成一个个行动任务；最后，在执行过程中，不仅要低头赶路，更要抬头看一看方向有没有偏差。具体的战略与目标管理步骤，这本书中的第3章、第4章都有详细讲解。

第二个维度：**组织与机制**。

从草莽团队到正规军，最大的区别是从依赖人转变为依靠组织机制。尤其是成长期企业，成员人数激增，不可能再通过人管人的模式来解决问题，而是需要通过制度管人，这是企业实现长远发展的必然路径。

华为在没有请IBM梳理流程和建立系统前，内部管理混乱、山头林立，但随着IBM长达10年的变革服务，我们也看到，华为的实力越来越强。

但如果你的公司还没有那么大体量，也不用非要通过咨询公司来变革，这本书中的第5章、第6章也提到很多方法，比如搭建组织与机制要界定四个方面：岗位责任与权利、岗位目标与标准、做事顺序与规范、事成之后的回报反馈。相信认真学习后，对你的公司会有很多帮助。

第三个维度：**人才与团队**。

人选对了，事就成了。只有提升团队里的人才密度，才能持续创新。所以，奈飞就经常讲"只招成熟的成年人"。什么是不成熟？不成熟的表现是"作"，在团队中，这些人总觉得这也不好那也不好，也总是不能跟其他人好好合作。而成年人清楚地知道自己要什么，并愿意为之付出努力，驱动他做事的是使命，是做这件事的意义。

这个时候，如何选人就非常关键，但在这里要注意，选什么样的人是由企业业务发展阶段决定的。这本书中提到：企业发展相对平缓，可以招聘"树种"型人才，也就是高潜力的"小白"，培养出更符合自己企业业务特点与价值观的员工；如果企业变化非常快，机遇点没有抓住，可能就被淘汰了，这时就需要招聘行业中相对成熟的"大树"型人才，能够快速拿到结果；如果是新兴企业，就可能需要在类似行业、相近行业中找到具有一定经验的"树苗"型人才，能够兼具专业、灵活与创新。

第四个维度：绩效与激励。

绩效设计是推动战略实现的重要抓手。在这方面，最好的例子就是华为，华为强调"不能让雷锋吃亏"，任正非也经常讲"钱分好了，管理的一大问题就解决了"。

这本书中也提到，有效落地绩效管理要基于三大视角。

首先是**战略视角**，在战略和目标的拆解过程中，一定要让团队参与研讨，促进他们对企业价值创造逻辑有一个清晰的理解，让团队意识到开展绩效管理不是为了压榨他们，绩效管理是达成战略目标必不可少的驱动因素。只有这样，内部才容易达成共识，绩效的可落地性才更强。

其次是**改进视角**，这是最重要的一环，为什么？我们可以做这样一个逻辑推演：公司设定目标一般都有高挑战性，但这些目标的达成依赖于员工的行为，如果员工的行为没有发生质的变化或者没有一些创新，这些具有挑战性的目标就难以达成。

最后是**激励视角**，绩效要与激励挂钩。要注意，绩效设计必须先解决"钱从哪里来"，再论功行赏。

第五个维度：协同与领导。

当企业规模变大时，跨部门协作是最难解决的问题，为什么？因为过去企业的目标是增长，对员工考核的是业绩，如果员工拒绝与其他部门合作，他的个人业绩、升职、加薪、企业评价都不会受到影响。长远来看，这很不利于企业的整体发展，甚至很容易出现"劣币驱逐良币"的现象。

在经营企业的过程中，很多创始人也遇到这样令人苦恼的问题：企业有两三条业务线，每个员工都更关心自己业务上的事情。要怎么解决呢？

我一般建议创始人，首先要将全员拉到一起，通过目标讨论，对公司级的目标达成共识，然后打通产品线，将前中后端的团队拧到一股绳上。

当然，我的建议不一定适合你的企业或团队。而这本书中谈到了很多方法和案例，或许你能借鉴一二。

孙晓平长期从事企业管理咨询工作，辅导了数百家成长型企业通过管理提升与变革推动业务发展，对处于成长期企业面临的挑战深有体会。为此，他将很多共性问题进行总结，写出了这本《管理革新》，书中给出了周全详细的场景分析和案例讲解，推荐创业者将本书作为手头的必备工具书！

柯　洲

"笔记侠"创始人

PREFACE

前　言

成长期企业的业务增长与管理挑战

成长期企业三种业务增长现状

截至目前，在我们咨询辅导的企业中，有超过200家企业是度过创业期、初具规模的中小企业，这些企业每年营收大概在5000万~10亿元、人数在50~1000人。在本书中，处于这一阶段的企业我们统称为成长期企业，当然是否处在成长期不完全取决于其营收和人员规模。

企业在度过创业期进入成长期后，从经营层面来看，业务增长普遍会呈现以下三种状态中的一种或多种叠加。

第一种增长状态：“规模上量”。当前业务规模快速上量，客户订单与销量越来越多。随着业务规模的上升，人员快速增加，组织架构开始搭建，管理流程、规则开始建立。**这种增长状态可以理解为在"点"层面的加深，连"点"成"线"。**

第二种增长状态：“分形复制”。业务增长依靠横向叠加式的扩展，比如产品品类最小存货单位（Stock Keeping Unit，SKU）越来越多，渠道越来越全面和多元。这会让供应链越来越复杂，产品交期、品质、成本控制越来越有挑战。**这种增长状态可以理解为在"线"层面的复**

制延伸，布"线"成"面"。

第三种增长状态："多元创新"。核心业务增长乏力，开始探索和孵化新业务。新业务意味着产品和客户都与原有核心业务不一样。新业务与核心业务之间可能有一定的关联性，比如原有核心业务是地产开发，新业务是资产运营与服务；也有可能新老业务关联性不大，比如原有核心业务是出行服务平台，新业务是外卖。**这种增长状态可以理解为发展更多新的"面"，组"面"成"体"。**

这三种业务增长状态，都必然会带来组织管理的挑战与课题。

（1）**"规模上量"的增长状态**：管理复杂性开始提高，内部沟通协作难度和管理成本也开始增加。

（2）**"分形复制"的增长状态**：横向扩展能带来业务增长的机会，但过度的横向扩展也会带来内部过于分化、资源过于分散、组织效率不断下降的挑战。

（3）**"多元创新"的增长状态**：创新业务需要的团队和组织能力可能与原有核心业务存在较大差异，因此多元业务的发展将给组织管理带来更大、更不一样的挑战。

因此，企业在进入成长期后，有一个共性的特点就是**各种管理问题与挑战开始凸显**。比如，不产生价值、不支撑目标的工作随处可见，关键岗位责权利不清晰，部门协作不畅，人岗不匹配，新人融入难，优秀骨干流失，激励不公平导致员工"躺平"，等等。关于企业进入成长期后有哪些特点、变化、挑战，结合我们的研究和咨询实践，我们在本书第1篇中进行了详细的总结和阐述。

业务增长状态给组织带来管理挑战的同时，管理挑战也会反过来进一步限制业务增长。我们看到很多成长期企业在这三种业务增长状态下产生运行不畅或受阻的情况，其背后主要影响因素也许并不是行业竞争激烈、产品市场选择不佳等经营层面的问题，而更多的是组织、人才团队等层面的问题。

换句话说，**业务增长背后的影响和驱动因素是组织能力，而组织能力的建设又取决于企业组织管理的有效性**（关于业务增长与组织能力之间的关系，我们在本书第 3 章中进行了详细的分析阐述）。因此，如果企业不能有效推动组织管理革新，业务增长就会遇到卡点和瓶颈，企业无法实现可持续、高质量的发展。

企业寻求增长突破的真实案例

面对以上三种增长状态带来的管理挑战，企业家开始焦虑到底应该怎样推动管理体系的搭建和组织的升级。于是，很大一部分企业家抱着寻找"速效药"的心态，到处学习所谓的领先理念、优秀工具、标杆实践……

下面我们来看一个有着管理升级焦虑的企业的真实案例——A 公司推行标杆实践"金银铜牌"机制失败了。

A 公司的核心业务是面向企业客户提供免费培训并在培训过程中适当嵌入医疗健康产品的销售。公司核心部门是内勤部与外业部两大部门。内勤部负责通过各种渠道收集潜在客户企业的联系方式，并通过电话拜访，获得进驻企业进行健康培训的机会。外业部的员工主要是讲师，负责到客户企业现场实施培训，并在培训中适当植入产品宣传，促成培训对象现场下单，完成产品销售工作。

A 公司经过前期的快速增长，销售额从原来的几百万元增长到了现阶段的 8000 万元，但近两年受各种因素影响，公司业绩增长呈现出颓势，迟迟无法突破亿元大关。

公司高层通过外出培训学习，了解到一个号称帮助阿里巴巴业绩一飞冲天的激励机制——"金银铜牌"机制，于是回到公司后立即颁布执行。可是推行几个月后，老板却发现业绩并没有像自己预想的那样扭转颓势，反而出现了极大的人员不稳定性，大批员工离职，而公司又很难快速招聘新人补充到位。

公司高层很困惑：怎么被誉为销售界"金手指"的"金银铜牌"机制在我们这里就行不通呢？

"金银铜牌"机制的由来和价值

我们先回顾一下"金银铜牌"机制诞生的背景和发挥的作用。

2001年1月，阿里巴巴还没有找到成熟的商业模式，而此时账户里只剩下700万美元。在生死边缘，阿里巴巴受到航空公司会员积分体系的启发，创造性地设计出了"金银铜牌"考核制度，销售员当月业绩决定其下个月的提成比例。

举个例子，销售员当月做到10万元的金牌业绩，下个月将拿到15%的金牌提成比例；如果下个月的业绩低，那么即便他对应15%的金牌提成比例，也拿不到高提成。反过来，当月做到了1万元的铜牌业绩，下个月就只能享受5%的铜牌提成比例；即便下个月做到了10万元的金牌业绩，乘以5%的铜牌提成比例，提成收入也不会很高。

在"金银铜牌"机制下，某个月业绩的突然下滑，不仅影响当月的提成，还会直接影响下个月的提成比例。因此，这样的机制会倒逼业务人员每个月都不能松懈，保持个人最好的业绩水平，最好是每月都维持在金牌业绩的水平，持续享受金牌提成比例。

在阿里巴巴最困难的时候，正是这样的机制，帮助企业渡过难关，活了下来，也由此培养出了"阿里铁军"，并顺利地在2002年实现了全年盈利。

"金银铜牌"机制适用的场景和前提

再好的机制也得有适合它的土壤。硬要把一台跑车的发动机直接塞进一辆三轮车里，变速箱、电控系统等都不匹配，怎么可能发挥发动机的价值呢？

因此，标杆管理实践能否发挥价值，需要看它与公司的场景和前提条件是否匹配。A公司在应用"金银铜牌"机制前，对以下三个方面的前提条件思考不够，照搬硬套、草率推行，导致最终结果不理想。

1. A公司业务特点与"金银铜牌"机制的适用前提不匹配

"金银铜牌"机制是为了让业务人员持续地达到个人最高水平，并且向更高业绩档次冲击，避免业绩的波动起伏。因此，一般适用于行业及业务增长没有明显季节波动性或不可预期性的场景。而A公司主要售卖的产品为体检类产品，是有一定的淡旺季波动性的。

2. A公司人员招聘补充能力与"金银铜牌"机制的适用前提不匹配

"金银铜牌"机制是一种刺激性较强的激励机制，意味着业务人员会持续承受很大的压力，人员也自然会出现更多的流动。因此，这就需要公司有能力快速招聘储备合适的人才，否则公司的业绩将会出现很大波动。而A公司受限于产品品牌、招聘人员配置、薪资竞争力等因素，在人员的引进补充方面并不具备很强的能力。

3. A公司的业务人员培养能力与"金银铜牌"机制的适用前提不匹配

阿里巴巴的"金银铜牌"机制的成功，表面上看是通过刺激性激励制度激发了业务人员的积极性，但从更本质的分析来看，是因为阿里巴巴同时打造出一套系统的业务人员培养与管理体系。首先，对业务有明确的规划，对目标有详细的分解，对客户资源和类型有深入的盘点；其次，通过设计 3-5-3 政策[○]、主管陪访客户制度以及日报、晚会、周会制度等一系列政策机制，固化业务人员的日常动作，提升业务人员能力，最终提高业务拓展的成功率和确定性。而这些都是 A 公司在推行"金银铜牌"机制时忽略的。缺乏这样的业务人员培养与管理体系，光"打鸡血"是拿不到高销售业绩的。

企业家探索管理革新的正确姿态

A 公司的案例体现了成长期企业探索组织升级过程中普遍存在的误区和踩雷现象：面对管理挑战，成长期企业的老板到处学习交流，希望能找到一剂良药解决问题。学完一个工具方法回来带着团队尝试落地，发现落地受阻或效果不佳后又继续出去学习新的工具方法，再把新的工具方法落地尝试……如此周而复始，病急乱投医，头疼医头、脚疼医脚，最后，老板、管理团队和员工都被折腾得精疲力竭……

我们需要认真思考两个问题：

第一，为什么会普遍出现"病急乱投医"的踩雷现象？

第二，企业家到底应该以什么样的姿态，更有效地探索和推动成长期企业管理革新？

○ 3-5-3 政策是指销售每天必须打 30 个有效电话，其中有 5 个是非常有意向的客户（AB 类客户），还要拜访 3 个客户。

关于第一个问题，结合对成长期企业的企业家与管理者典型表现的观察和分析，我们总结了三个方面的原因。

（1）**企业家抱有寻找"速效药"的心态**，对管理体系的搭建、落地和见效过程想得过于简单，觉得照抄标杆实践就可以了。殊不知，有效的管理体系都是企业经过不断的实践和迭代后"长出来"的，需要借助思维模型思考分析，需要根据场景定制，需要中高层理念与认知一致，需要不断复盘改进，需要时间静待花开……

（2）之所以头疼医头、脚疼医脚，病急乱投医，而且有时候过于迷信所谓的标杆实践，有照抄省事的心态，**是因为企业家缺乏系统逻辑思维**，没有全面深入地对场景问题进行识别和分析，没有针对场景匹配有效的模型、工具和框架，让团队共同探索出解决方案并付诸实践。

（3）之所以管理方法落地困难，是因为管理体系搭建和落地需要综合考虑的因素太多，而且很多因素是矛盾对立的。比如落地一套薪酬激励体系，要平衡企业利益和个人利益的矛盾，要平衡公平性和激励性的矛盾，要平衡业绩贡献和长期价值的矛盾等。而现实中**企业家缺乏辩证平衡思维**，导致他们对管理体系搭建的辩证思考和有效平衡不够，体系落地效果不好甚至出现负面效应。

我们来看第二个问题：企业家到底应该以什么样的姿态，更有效地探索和推动成长期企业管理革新？

（1）**真正做到学以致用**。学习标杆实践和别人的解决方案很重要，可以启发自己思考，但我们反对对他人的标杆实践和解决方案实行拿来主义。因为如果你不能深入了解这些标杆实践和解决方案当时要解决的问题以及当时面临的场景与前提，那么你很可能会掉进坑里，就像 A 公司一样。

因此，**没有所谓的最佳标杆实践，只有匹配企业场景，运用有效的思维模型进行全面深入的分析、设计与落地的解决方案,即学以致用 = 真实的场景 + 有效的模型 + 迭代的做法,如图 0-1 所示。

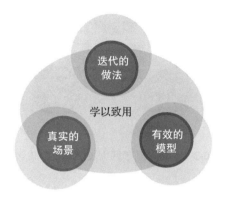

图 0-1　学以致用 = 真实的场景 + 有效的模型 + 迭代的做法

(2)**企业家应该修炼系统逻辑思维**。所谓"系统逻辑思维",就是对特定场景问题进行系统全面的洞察分析的思维能力。很多时候,我们之所以焦虑,不在于遇到的环境、场景和问题本身,而在于缺乏系统逻辑的思维模型和方法框架,来帮助自己做好全面深入的分析和从容有效的应对,就像中医里面说的"不通则痛"。

(3)**企业家应该修炼辩证平衡思维**。所谓"辩证平衡思维",就是将看似矛盾对立的目标在思维中融合且统一共存,同时在行动中做好平衡和兼顾。华为的任正非一直提倡的管理理念就是灰度管理,这充分体现出管理从来就不是非黑即白的简单对立。

以上三点也是我们期待本书发挥价值的地方。**我们希望本书帮助成长期企业的企业家及管理者建立系统逻辑与辩证平衡两大思维,基于自身真实的场景,运用有效的模型,探索和迭代出属于自己的管理体系,更从容和前瞻性地应对成长期企业面临的管理挑战,练好内功,少走弯路**(见图 0-2)。正如《孙子兵法》里说的:"昔之善战者,先为不可胜,以待敌之可胜。不可胜在己,可胜在敌。"

图 0-2　企业家基于两大关键思维学以致用

本书助你学以致用的五大特点

基于"学以致用 = 真实的场景 + 有效的模型 + 迭代的做法",本书围绕这三个维度从以下五个方面展开。

- 还原真实的企业案例。
- 总结全面的共性场景。
- 提供系统的思考模型。
- 拆解逻辑的方法工具。
- 分享有启发性的实践做法。

在对每个管理挑战的阐述中,我们**首先从还原真实的企业案例并提炼总结全面的共性场景开始**,这样便于你对照自己的企业产生共鸣。比如第 3 章关于业务增长,我们还原了两家成长期企业选择的业务增长路径,实现的效果;第 8 章关于"新要求"与"旧习惯",我们总结了成长期企业普遍面临的三大方面的"新要求"和"旧习惯"之间的冲突与碰撞;第 10 章关于薪酬激励,我们还原了三家成长期企业面临的优秀骨干流失的案例及场景问题……

然后，针对共性的场景问题，我们**提供了系统的思考模型以及逻辑的方法工具**，通过对模型方法的拆解与分析，帮助你掌握这些思考模型和工具方法。比如第3章关于业务增长，针对如何探索有效业务增长的共性场景，我们给出了"业务增长坐标"模型帮助你思考分析；第6章关于组织设计，我们总结了"组织设计三因素"模型，帮助你系统思考和推演组织设计与优化；第10章关于薪酬激励，我们针对优秀骨干流失的场景，总结了"三维度六因素"框架，帮助你分析流失原因并找到对策……

最后，**分享案例企业是如何借助模型指导实践做法以及实践做法是如何解决场景问题的**。

以上是本书每个篇章内容写作的逻辑，如图0-3所示。

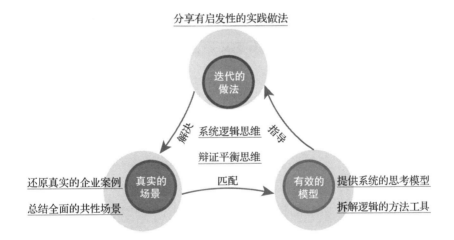

图0-3 本书的五大特点与内容逻辑

书中案例的具体实践做法，我们希望只是为你提供参考和启发，你绝不能照搬照抄。企业真正有效的解决方案和做法还是得交给企业家和管理层共同去探讨、设计、落地和迭代。

因此，企业家要真正做到学以致用，我们建议以这样的顺序来开展学习、思考和实践：首先，对照书中的真实案例，识别企业自身遇到的场景问题；其次，借助书中有效的模型工具进行分析，设计出适合自己的解决方案和做法；最后，在实践中不断迭代取得成效，同时对思考模型和工具方法进行优化，形成自己的知识体系，如图 0-4 所示。

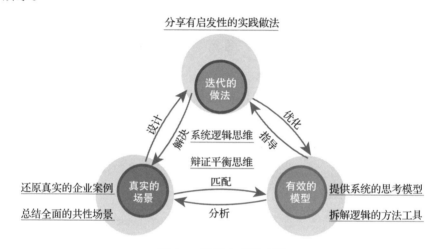

图 0-4　学习本书的建议

本书整体逻辑、结构及阅读说明

本书除前言之外，分为 6 篇 12 章。

第 1 篇相当于本书的模型篇，我们通过对成长期企业典型变化和问题的分析，阐述了在管理体系搭建与组织升级过程中需要平衡的九对矛盾，并基于此构建了本书的核心模型——**成长期企业管理革新五力模型**。

第 2~6 篇，分别从成长期企业管理革新五力模型的五个维度展开描述，包括战略与目标、组织与机制、人才与团队、绩效与激励、协同与领导，具体篇章内容对应关系详见表 0-1。每篇包含两章，每章针对特定话题，还原真实的企业案例，总结全面的共性场景，提供系统的思考模型，拆解逻辑的方法工具，分享有启发性的实践做法，希望帮助成长期企业的企业家和管理层，前瞻性地思考组织面临的变化和挑战，设计出有效的管理革新解决方案并落实到行动上。

表0-1 本书第2~6篇逻辑、结构及阅读说明

成长期企业面临的九对矛盾		九对矛盾对应的维度、力量和目标			对应篇章
九对矛盾	涉及领域	五大维度	五种力量	五个目标	
坚守核心与分形创新	战略规划	战略与目标	牵引力	打胜仗	第2篇 第3~4章
当下行动与未来规划	目标管理				
个体与系统	机制流程	组织与机制	统合力	布阵型	第3篇 第5~6章
整合与分化	组织设计				
事与人	人才管理	人才与团队	生命力	点兵将	第4篇 第7~8章
旧习惯与新要求	新老融合				
过程与结果	绩效管理	绩效与激励	驱动力	论赏罚	第5篇 第9~10章
物质与精神	薪酬激励				
有职业管理气质的企业家与有企业家精神的中高层管理团队	高管团队建设	协同与领导	向心力	聚人心	第6篇 第11~12章

关于阅读建议和说明，你可以按照整体的逻辑逐个章节阅读，也可以挑选目前感兴趣或困扰你的话题直接阅读相应的章节。每个章节要回答和探讨的问题在章节开始都有明确提示。

除正文内容之外，我们还在一些章的最后列出了**"本章小结""企业家诊断与思考的问题"**以及**"延展阅读"**这三部分内容。"本章小结"是对正文内容关键结论和观点的回顾；"企业家诊断与思考的问题"是基于相应章节内容，提炼出来的供企业家自我诊断、思考和分析的关键问题；"延展阅读"则是希望帮助你在相应章节所涉及领域更系统深入地学习，这些书让我们在企业管理咨询与辅导实践过程中受益良多，尤其是"现代管理学之父"彼得·德鲁克的很多书。本书在撰写过程

中引用了一些德鲁克的观点，我们也强烈推荐成长期企业的管理团队多读德鲁克的书，我们相信这些书一定会帮助你更好地打造卓有成效的企业、组织和管理团队。

一本书的写作着实耗时很长、牵扯甚广、投入巨大，在此郑重感谢对本书的创作提供大力帮助的人。

感谢我们曾经以及持续合作中的咨询客户，书中所有的模型、方法、案例、场景、解决方案都源自与你们咨询辅导合作过程中的总结与提炼。

感谢为我们撰写推荐序和书评的企业家、高层管理者、人力资源从业者以及合作伙伴。

感谢为本书内容提供无私指导的两位好友，他们也是我非常钦佩的老师：一位是康至军，德鲁克理论资深的研究与实践者；另一位是唐丛敏，曾任某民营500强集团HRD、董事会办公室主任。

感谢参与本书内容撰写和校对的咨询顾问团队：周敬文、季阳、张俊、罗芸、江捷、朱为璐、吴汉儒、叶婷、魏婧瑄。

PART 1

第1篇

成长期企业的管理革新

相关数据统计显示，美国中小企业平均寿命是8.2年，日本则达到12.5年。而在中国，中小企业的平均寿命只有2.5年，存活超过5年以上的不足10%，也就意味着90%的中小企业在成立后5年内就走向了死亡，剩下10%的企业可能一半以上也是处在各种瓶颈期，勉强维持。

为什么中小企业平均寿命、存活率和生存质量都不高？本篇内容将针对以下几个问题展开分析和探讨：

（1）中小企业的发展会经历哪些不同的阶段？在不同阶段，尤其是成长期，企业会有哪些典型的特征和变化？

（2）为什么企业从成长期到成熟期，是一次关键而艰难的跨越？需要应对和攻克哪些挑战？

（3）面对这些挑战，成长期企业应该如何前瞻性地采取措施，让企业顺利进入生命周期的黄金阶段——成熟期？

CHAPTER 1

第 1 章

成长期企业的典型变化与问题

企业不同生命周期阶段的特征

关于企业生命周期理论,在众多研究中,伊查克·爱迪思(Ichak Adizes)提出的企业生命周期(Corporate Life Cycles)理论,我们认为比较具备实践共鸣性和指导价值。

爱迪思博士在《企业生命周期》一书中,巧妙地把企业类比成人这样的生命体,把企业生命周期分为 10 个阶段:**孕育期、婴儿期、学步期、青春期、壮年期、稳定期、贵族期、官僚早期、官僚期、死亡**。

针对每个不同阶段,爱迪思准确地描述了这一阶段的典型特征和问题,如图 1-1 所示。

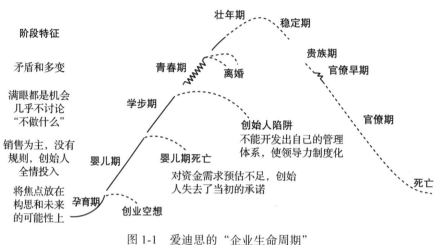

图 1-1 爱迪思的"企业生命周期"

注：图中只列出了前四个阶段的特征和问题。

（1）**孕育期**。此时的核心关键词就是创业想法的形成，这一阶段企业发展最重要的影响因素就是有激情且现实的创始人。

（2）**婴儿期**。此时的核心关键词不再是想法，而是产品和行动。对销售额的高度渴望驱动着这一阶段企业的行动导向。这一阶段企业发展最重要的影响因素是创始人持续的承诺和专制式的领导。

（3）**学步期**。这是一个迅速成长的阶段，此时的**核心关键词是销售和机会导向**。创始人这时相信他们做什么都是对的，因为他们把所有的事情都看作机会。他们更愿意按照人而不是职能组织企业，创始人仍然做出所有的决策。**这一阶段最大的挑战在于企业掉入创始人陷阱**。创始人基于过去的成功开始盲目自信，业务分散不聚焦，销售增长但利润与效率下滑，缺乏一致性和聚焦点，做不好授权，制度规则难以建立，任务和责任模糊不清等。

（4）**青春期**。企业进入青春期的标志是，开始意识到规章和政策的作用，开始从围绕人的管理转向围绕任务和组织的管理。**青春期企业最大的特点是矛盾和多变，最大的突破是领导人实现从创业到专业化管理**

的跨越，这是非常艰难的过程。在此过程中企业很可能会面临四个方面的冲突挑战：老员工和新进入者、创始人和职业经理人、创始人和他们的企业、企业目标和个人目标。如果对这些冲突处理不当，可能会导致核心成员流失，组织四分五裂，最终提前结束生命周期。如果处理得当，**企业将进入生命周期的最佳阶段：壮年期**。

（5）**壮年期**。企业在控制和柔性之间建立了平衡，兼有纪律和创新。这一阶段的企业有了明确的使命、愿景、价值观，有了运转良好的组织结构，有了制度化的管理机制，有效平衡了创造性与一致性，有效平衡了综合性的目标，经营管理能够有效地分清轻重缓急。新的业务在组织中萌生，分别提供开始新生命周期的机会，这也是企业肌体的健康与财富积累的巅峰阶段。

（6）**稳定期**。这是企业生命周期中第一个衰老阶段。此时企业通常有稳定的市场份额，但人们趋向于保守，内部关系网日益复杂，"老好人"增多。

（7）**贵族期**。基本特征是钱常花在控制系统、福利措施和一般设备上，讲究做事的方式，讲究穿着与称谓，缺乏创新，拘泥于传统等。

（8）**官僚早期**。主要行为特征有喜欢追究问题责任；内部斗争激烈，客户反而被忽视；偏执狂束缚了企业等。

（9）**官僚期**。在企业中的成功不是如何令客户满意，而是看其政治手腕。厚厚的规程手册、大量的文书工作、规则、政策等束缚了革新和创造力。等到病入膏肓时，企业就进入了死亡。

（10）**死亡**。"已经没有资源鼓励人们为自己工作。"这种情况可能突然到来，或者持续数年。当企业无法产生所需的现金，支出榨干任何收入时，企业终于崩溃。

需要澄清一下，本书所描述的案例场景、模型方法主要覆盖和针对爱迪思企业生命周期所指的学步期和青春期这两个阶段，本书的宗旨也是帮助广大处于学步期和青春期的中小企业，通过前瞻性的管理革新顺利进入壮年期这一最佳发展阶段。

为了简化和易于理解，关于企业生命周期，我们还是采用更流行的四阶段划分法，也就是将企业发展阶段划分为**创业期、成长期、成熟期和衰退（再生）期**。这四大阶段的划分与爱迪思企业生命周期十大阶段是有明确的对应关系的，具体如图 1-2 所示。

图 1-2　爱迪思企业生命周期十大阶段与简化后四大阶段的对应关系

我们在本书后续章节内容写作过程中，将统一用"成长期企业"一词来代指处在学步期和青春期这两个阶段的企业。

企业进入成长期后的典型变化与问题

企业在度过创业期后，也就是创业想法和产品得到验证，经营、产品、品牌、生产供应、资金流等逐步稳定之后，业务将进入快速增长的阶段，企业也进入了成长期。这一阶段企业市场机会增多和销售规模快速提升，随之而来的是一系列典型的变化与问题。

（1）**机会太多，缺乏聚焦**。由于创业期的成功以及成功带来的自负，进入成长期的企业可能一味追求业绩增长，甚至同时在多个方向发展，不想放过任何一个可能的增长机会，关于"不做什么"的讨论并不成熟与充分，从而陷入麻烦。

（2）**业绩规模增长，利润下滑**。前台业务体系一味追求业绩规模的不断增长，但因为过度打折、价格竞争、品类繁杂，中后台的产品、技术、供应、服务体系难以形成规模优势等，最终导致企业利润下滑甚至亏损。

（3）**人员快速增加，人员融合出现问题**。因为业务发展需要，企业快速引进新人，包括很多管理人员和业务熟手。随之而来的挑战就是：新人能否成功融入，新老能否有效融合，以及新老交锋带来的人员不稳定和流失。

（4）**横向分工和纵向层级变多，组织架构日渐复杂**。业务量以及人员快速增加，专业分工更加细化，横向部门与纵向层级都开始变多，组织架构更加复杂，但是否合理匹配业务需要，有待校验。

（5）**沟通协调成本增加，决策反应速度下降**。因为横向部门分工和纵向层级变多，必然带来内部沟通协调的成本增加，决策反应速度下降。

（6）**创始人开始关注不到每个人**。企业人员越来越多，管理层级也开始出现，创始人无法像创业期那样关注到每个人，甚至有的人创始人都不认识。

（7）**管理者无法有效承担责任**。虽然架构中管理层级增加，初衷是希望各个层级的管理者履行好自己的角色责任，让上级管理层释放精力，但现实中进入成长期的企业，往往因为创始人之前的专制习惯和新提拔的中层管理能力不足，导致创始人无法有效授权，管理者也就无法真正担责。

（8）**管理制度、规则可能开始无序增加**。为了更好地管理越来越庞大的员工队伍，企业陆续出台各种各样的管理制度和规则，这让跟随企业一路经历创业期的老员工很不适应。

总的来说，企业进入成长期后，很多老员工甚至老板都会感觉"哎，公司跟原来不一样了，很多东西都变了，越干越累"。

成长期到成熟期的本质是目标的跃迁

从创业期跨入成长期的企业，确实会面临非常多的变化和问题。**实现从成长期到成熟期的顺利跃迁，对企业来说，是非常关键的**。为什么？这就像人的成长过程一样。从成长到成熟，从生理方面来看，是人的肢体、骨骼等生长的关键时期；从心理方面来看，是人的自我意识、思维能力、情绪情感、性格特征等发展的关键时期。

因此，企业进入成长期后，如何前瞻性地采取有效的措施应对这些变化和问题，决定了成长期组织的阵痛程度以及运作效率，也决定了企业能否更快、更顺利地进入黄金阶段——成熟期，实现长期可持续发展。

从成长期到成熟期的跃迁，对企业来说非常关键，但同时也非常艰难。为什么很艰难？因为在成长期和成熟期，需要关注的核心目标是不一样的，能否进入成熟期，取决于企业在成长期是否有效建立起了能够兼顾平衡多层次目标的组织。

那么，成长期和成熟期的核心目标有何不同？根据企业生命周期来看，**在创业期，企业经营重点是解决生存问题**，要考虑如何获取订单和客户、如何活下来。这一时期，只要有客户、有订单，企业都会尽可能接，活下来是第一要务。而企业在度过生存危机，**进入快速成长期后，企业经营重点则是增长**，正如前言中所说的，成长期企业有三种寻求增长的状态。

针对"规模上量"和"分形复制"的增长状态，如果企业继续保持创业期的经营逻辑，只要有客户、有订单都尽可能接，一味追求业绩规模增长，什么客户都想服务、什么产品都想做，不清楚哪些是精准客户、要主打客户哪方面的需求痛点，企业就很难聚焦资源打造产品竞争力、形成品牌认知，客户也不知道你擅长什么。我们经常发现在成长期的企业，虽然业务在不断增长，但企业整体效率和利润率却没有提高，甚至出现利润率下滑的情况。

因为这种状态只是单纯的规模增长，并未形成规模效应，就好比一个人不断长胖，体重在增加，但身体素质并没有明显提升。**所谓规模效应，本质上就是以更高的效率实现增长**。这就需要企业系统考量和平衡好销售额与利润率、客户个性化需求和产品标准化打造、订单多样性与供应链整合性、业绩增长与组织发展等矛盾。

"多元创新"的增长状态，就是核心业务增长乏力，企业开始探索和孵化新业务的状态。这个时候原有业务可能因为行业竞争或市场天花板等原因，已经不能支撑企业想要的增长，企业需要提前布局谋划新的业务机会，**而新业务机会的突破需要一个非常重要的驱动因素——创新**。因此，这个时候企业需要系统平衡效率和创新、一致性和多样性、规范性与灵活性等矛盾。

关于创新，被誉为"创新理论之父"的熊彼特认为，经济发展如果没有创新，只能处于一种"循环流转"的均衡状态中，经济的增长便只有数量的变化而无法产生质的飞跃。而在经济发展中，企业和企业家是最重要的创新主体，企业家最重要的职能不是在现有条件下按部就班地组织经营生产，而是不断对旧的生产方式进行"创造性毁灭"，实现经济要素的新组合。当然，熊彼特认为，创新并不等于技术发明，而是"生产要素的重新组合"，企业的创新包括技术创新、商业模式创新、产品创新、营销创新、运营创新、组织创新等，也就是创新渗透在组织经营管理的方方面面。只有不断创新迭代，才能提升企业竞争力。

基于以上成长期企业增长状态的分析，我们可以看出，**成长期企业**

的核心目标除单一的"增长"之外，还有两个："效率"和"创新"（见图 1-3）。

图 1-3　企业经营发展的三层次目标

组织从实现单一目标到兼顾与平衡多层次目标的能力，是需要通过有效的管理革新有意识地修炼和养成的，这是一个艰难的过程。但成长期企业只有兼顾和平衡好这三个层次的目标，才能实现可持续高质量发展，才能顺利进入成熟期。

■ 本章小结

1. 企业生命周期可以分为十个阶段：孕育期、婴儿期、学步期、青春期、壮年期、稳定期、贵族期、官僚早期、官僚期、死亡。简化理解可以分为创业期、成长期、成熟期和衰退（再生）期四大阶段。
2. 企业在度过创业期进入成长期后，会遇到一系列典型的变化和管理挑战。
3. 从成长期到成熟期的跃迁，对企业来说非常关键，也非常艰难。
4. 从成长期到成熟期的跃迁，本质上是经营管理从实现单一目标到平衡发展多层次目标的转变。

■ 企业家诊断与思考的问题

1. 我们的企业是否处在成长期？

2. 我们是否也正在面对书中所提到的各种变化和管理挑战？
3. 我们的管理团队是否意识到本质的挑战在于我们需要兼顾与平衡多层次目标？

■ 延展阅读

1. **《企业生命周期》**，作者伊查克·爱迪思。爱迪思巧妙地把一个企业比作一个人和生物那样的生命体，把企业生命周期分为 10 个阶段：孕育期、婴儿期、学步期、青春期、壮年期、稳定期、贵族期、官僚早期、官僚期、死亡。针对每个不同阶段，爱迪思准确地描述了这一阶段的典型特征和问题。

2. **《经济发展理论》**，作者约瑟夫·熊彼特，被誉为"创新理论之父"。该书提出创新就是建立一种新的生产函数，把一种从来没有的关于生产要素和生产条件的新组合引入生产体系，以实现生产要素或者生产条件的新组合。在熊彼特看来，任何经济结构都可以拆分成产品、技术、市场、资源和组织这五个基本要素，将这些旧要素重新组合便是创新。

CHAPTER 2

第 2 章

成长期企业管理革新五力模型

成长期企业需要平衡的九对矛盾

美国作家菲茨杰拉德说："一个人同时保有两种对立的品质，还能正常行事，是一流智慧的表现。"对于企业来说，道理是一样的。企业能否顺利从成长期进入成熟期，关键在于能否培育出更高的组织能力以实现多层次目标，重点在于能否辩证看待与平衡发展以下九对矛盾。

（1）"坚守核心"与"分形创新"。"坚守核心"是指夯实现有主营业务，持续打造"护城河"；而"分形创新"是指在核心主营业务打造过程中，企业要不断加强资源和能力建设，这些资源和能力可以帮助企业横向扩张复制业务，也可以帮助企业打造"第二曲线"的新业务。

（2）"当下行动"与"未来规划"。"当下行动"是指当下具体的目标和行动,"未来规划"是指中长期战略规划。成长期的企业要兼顾对未来做成什么样以及当下做什么才有未来的思考,因此,成长期企业在战略与目标管理上要做到面向未来、做好当下。

(3)"个体"与"系统"。在创业期,创始人及核心骨干的"英雄式个体"的色彩非常浓,这也是这个阶段支撑企业发展很重要的力量。但随着人员越来越多、业务链越来越复杂、创始人及核心高层精力越来越分散,企业必须慢慢借助"系统"来牵引和激励员工行为。只有"系统"才能做到既发挥个体的重要作用,又不会对优秀个体过度依赖。

(4)"整合"与"分化"。组织的整合带来规范、效率和一致性,分化带来活力、创新和灵活性。企业从创业期进入成长期,在组织设计中可能需要加强一定的"分化"力量,来推动更多的放权、适度的竞争以及业务端的灵活创新,但也可能需要加强一定的"整合"力量,来避免过度追求粗放增长导致的资源重复配置、相互之间不平衡以及整体协同困难等问题。因此,设计组织时需要根据企业未来发展战略及当下现状平衡好"分化"和"整合"两股力量。

(5)"事"与"人"。优秀的组织一定是做好"事"与"人"的兼顾与平衡,既要为达成目标和结果负责,也要关注优秀人才的发展。大部分进入成长期的企业,创始人基于创业期的习惯,容易关注个体人才的能力以及感受,因人设岗、因人定薪等情况比较普遍。这样带来的弊端就是无法围绕组织的发展目标去设定标准、配置人员,在考核评价时也会不严格对照工作和管理标准,而是依据主观感受。

(6)"旧习惯"与"新要求"。伴随着人员规模的增长,成长期企业的创始人没有精力再关注到组织中的每一个人,因此不可避免地会发展出中层管理者。但是这些新晋的管理者,缺少管理能力的训练,大多会陷入"优势陷阱",过去个体作战的行为习惯和能力优势反而成为其带团队时的阻碍。另外,创始人为了开拓新业务或加强某方面的经营管理,也会在中高层引进一些新人，新人如何融入、老人如何安抚、新老如何融合等问题，处理不好就会让组织分裂特别严重。因此，如何在组织规模增大、层级变多时，做好管理团队的新老成长与融合，实现从"旧习惯"到"新要求"的平稳转变，让不同层级管理者（包括创始人本人）各司其职，是成长期企业需要妥善处理的难题。

（7）"过程"与"结果"。企业绩效管理应该追求结果还是关注过程？创业期企业可能更关注结果，而成长期企业在管理上的成熟体现在对结果和过程的同时关注。因此，成长期企业在进行绩效管理的过程中，要能够有效兼顾结果和过程，既要明确正确的结果以及对应的奖励，又要帮助团队实施高效的过程行为。

（8）"物质"与"精神"。人员激励因素分为两个方面——物质激励和精神激励。前者包含薪酬、福利等，后者包含发展、氛围等。物质激励的逻辑是通过外在激励牵引员工行为和结果，要兼顾公平性和激励性；而精神激励的逻辑是通过内在动机激发员工积极性，要匹配人性和需求。因此，企业激励机制的搭建与应用要兼顾平衡外在物质激励和内在精神激励，内在动机带来有效的行为和结果，基于结果的外部激励要能强化和牵引内在动机。

（9）"有职业管理气质的企业家"与"有企业家精神的中高层管理团队"。从创业期到成长期的跨越，有非常重要的挑战摆在企业家和中高层管理团队面前。企业家需要适当摆脱"没我不行"的执念，逐步变得更"职业"；需要认清自己也只是企业组织中的一个特定的角色，警惕权力、尊重专业。同时，由新进入的职业经理人和打江山的老臣融合组建的管理团队也需要抛开"我是分管什么的"的执念，逐步变得更具"企业家精神"，共同协作，为组织整体成果承担责任和风险。

从以上成长期企业面临的九对矛盾的分析中，我们看到在本书前言中提到的企业家应该具备"辩证平衡思维"，是非常重要的。

面对矛盾唯有主动管理革新

企业从成长期到成熟期，是一次非常关键而困难的跃迁，这样的跃迁也是组织能力的成长。**组织能力的成长意味着组织有能力追求更多层次的目标，实现可持续、高质量的发展。**那么企业怎么做才能更平稳地实现这种跨越和升级，提升组织能力呢？先分享一则古代的故事，答案就在其中。

春秋战国时期，魏文王问名医扁鹊："你们家兄弟三人都精于医术，哪一位最好？"扁鹊答："长兄最好，中兄次之，我最差。"魏文王再问："那么为什么你最出名呢？"扁鹊答："我长兄治病，是治病于病情发作之前，只有我们家的人才知道。我中兄治病，是治病于病情初起之时，一般人以为他只能治轻微的小病。而我治病，是治病于病情严重之时，一般人都看到我在经脉上扎针放血、在皮肤上敷药做大手术，所以以为我的医术高明，名声因此传遍全国。"

将上述故事与三种企业变革类型做对比，扁鹊长兄的医术类似企业前瞻型变革（也称提前型变革），即管理者提前预测未来的危机，进行必要的战略变革。此时变革的成本较低、阻力较小，容易开展。进行前瞻型变革的企业通常是最具有生命力的企业，但是这对老板的高维认知和危机管理意识要求较高。

扁鹊中兄的医术类似企业反应型变革，即企业已经感知到发展危机，甚至已经付出了一些代价，开始进行变革。现实中的变革多为反应型变革，这时期变革成本中等，面临一些组织人员的阻力，需要老板具备较强的说服能力和协调能力。正确恰当的反应型变革能够帮助企业重振活力、"满血复活"。

扁鹊的医术类似企业危机型变革，即企业存在影响发展的基础性危机,再不进行变革,企业可能很快衰退并消亡。危机型变革是一种被迫的变革,此时变革成本较大,组织中的人员会对这时的变革表现出极大的不适应、不相信。此时的变革是背水一战,"不成功,便成仁"。

因此,进入成长期的企业,创始人和管理团队需要尽早地认知和预测到组织即将面临的各种变化和挑战,审慎思考并兼顾平衡九对矛盾,实施"前瞻型变革",或者更好的说法叫"主动管理革新"。

主动管理革新,也就是天晴的时候修屋顶。在问题还没有出来或者比较小之前就去介入,这个时候成本最小、风险最低,成功的概率也是最高的。另外,组织升级不是一蹴而就的,需要缓缓启动,尽量降低冲击力度,做到润物细无声,在不断共同取得小成功的情况下实现正向强化。

五种力量推动管理革新

面对九对矛盾,成长期企业的企业家及管理者们首先要有"辩证平衡思维",辩证平衡地思考和分析这九对矛盾;其次,要学习和建立"系统逻辑思维",针对具体场景切实设计解决方案。

接下来,我们将这九对矛盾进行归纳分类,同时建立系统逻辑的思维模型和框架。

矛盾1:坚守核心与分形创新,关于如何选择和聚焦企业业务组合,确定做什么和不做什么的战略规划。

矛盾2:当下行动与未来规划,关于如何将企业中长期战略转换成当下的目标和行动,兼顾当下与未来。

以上两对矛盾对应着**第一大维度:战略与目标**。这一维度要实现的目标是"打胜仗",对组织及团队发挥着方向的"牵引力"作用。组织的核心是一群人+共同的目标,企业经营是价值创造的过程。要想让一群人"力出一孔",首先需要通过战略和目标管理体系,从时间维度和空间维度对企业战略和目标进行有效的拆解并在团队中达成共识,将中长期战略转化成短期目标任务,将企业级目标转化成部门/岗位级目标与行动。

矛盾3:个体与系统,关于如何发挥机制、流程在管理中的作用。

矛盾4:整合与分化,关于在组织设计中如何平衡"整合"与"分化",平衡效率、秩序、协同和创新、灵活、自主。

以上两对矛盾对应着**第二大维度:组织与机制**。这一维度要实现的**目标是"布阵型",代表着一群人分工协作的"统合力"**。战略决定组织,组织决定人才与团队。这就好比只有清晰地知道要打的"战役"是什么样的,才能设计匹配的"阵型",然后在"阵型"中进行合理的"排兵"。一个人叫个人,十几个人叫团队,成百上千人则叫组织。小成功靠高效精干的能人,中成功靠分工协作的团队,团队依赖管理者通过统筹、指令、跟踪、监督等管理动作,实现团队作战目标。而真正的大成功得靠组织与机制,包括组织设计、责任与授权机制、流程与协作机制、信息与沟通机制等。

矛盾5:事与人,关于如何同时做到"因事选人"和"用人成事"。

矛盾6:旧习惯与新要求,关于不同人组成团队后的融合问题。

以上两对矛盾对应着**第三大维度:人才与团队**。这一维度要实现的**目标是"点兵将",代表着组织及个体本身能力和意愿的"生命力"**。进入知识经济时代,人才与团队在企业发展中所起的作用越来越具有决定性,因此组织阵型的战斗力很大程度上取决于关键人才和核心团队的能力适配度。再好的阵型没有合适的兵将,也只能是"纸上谈兵"或者"漏洞百出"。

矛盾7:过程与结果,关于如何通过好的过程拿到好的结果,基于好的结果总结好的过程。

矛盾8：物质与精神，关于在激励机制设计中如何平衡外在物质激励与内在精神激励。

以上两对矛盾对应着**第四大维度：绩效与激励**。这一维度要实现的目标是"论赏罚"，通过精准有效的论功行赏方案调动战斗的"驱动力"。华为在人力资源机制构建上，一个重要原创就是提出了"价值创造，价值评价，价值分配"的循环飞轮。战略与目标管理体系定义了企业的价值创造逻辑与路径，而绩效与激励机制则承担着价值评价与价值分配的关键作用。绩效管理合理有效地评价价值，从而指导薪酬激励科学公平地分配价值，两者的结合最终提升员工创造价值的活力，也就是通过"利出一孔"驱动"力出一孔"。

矛盾9：有职业管理气质的企业家与有企业家精神的中高层管理团队，关于企业家和管理团队如何突破自我。

这对矛盾对应着**第五大维度：协同与领导**。这一维度要实现的目标是"聚人心"，让团队每个成员形成对组织的"向心力"。对于成长期企业来说，凝聚人心最关键的影响因素是管理团队中每个人的言行。管理团队包括两种人：一是企业家，二是承上启下的中高层管理人员。他们的一言一行将直接决定企业每位员工对组织的认知、信任和向心力。

总的来说，成长期企业面临的九对矛盾分别对应战略与目标、组织与机制、人才与团队、绩效与激励、协同与领导这五大维度。至此，我们建立起本书系统逻辑的思维模型与框架——**成长期企业管理革新五力模型**，如图2-1所示。

前面我们在谈到成长期与成熟期本质区别的时候，谈到企业要实现可持续、高质量发展需要兼顾与平衡三个层次的目标，分别是增长、效率和创新。而成长期企业管理革新五力模型的五大维度的思考和设计中，也充满着"效率"和"创新"的辩证与平衡思维，比如：

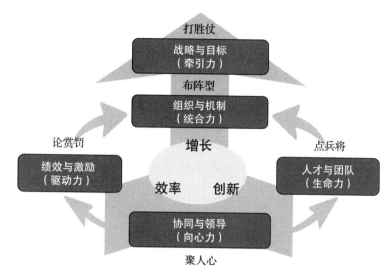

图 2-1　成长期企业管理革新五力模型

（1）坚守核心与分形创新。核心稳定的主业务更强调"效率"，而孵化探索的新业务则更需要"创新"。

（2）整合与分化。整合意味着分工协作带来效率，分化则意味着灵活自主带来创新。

（3）个体与系统。具有机制、规则的"系统"是为了获得面对一群人的管理"效率"，而面对活生生的"个体"时，又需要基于人性和动机的领导"创新"。

（4）事与人。事的完成更强调标准化"效率"，而人的活力激发更需要灵活性"创新"。

（5）旧习惯与新要求。任用熟悉的人做事"效率"更高，但缺乏"创新"；而大量使用新人，可能带来鲇鱼效应的"创新"，但也可能引发无序。

因此，我们在模型中，除展现五大维度对应的五种力量之外，还在图中间加入了企业系统推进成长期企业管理革新五力模型搭建与落地的目标：增长、效率和创新。

成长期企业管理革新五力模型中的五大维度，既是我们探索特定组织如何进行管理革新实践的思考框架，也是我们针对特定组织的诊断框架。因此，我们在每章正文内容后总结了"企业家诊断与思考的问题"，帮助你对企业进行系统深入的"体检"并制定自己的"治病+养生"解决方案。

成长期企业管理革新五力模型中的五大维度，我们将从第2篇到第6篇逐一展开详细介绍。我们将针对共性的案例场景，给出有效的思维模型和框架，并通过案例中的解决方案为你提供启发，帮助你找到制订解决方案的思路。

■ 本章小结

1. 成长期企业需要辩证看待并平衡发展的九对矛盾是：坚守核心与分形创新、当下行动与未来规划、个体与系统、整合与分化、事与人、旧习惯与新要求、过程与结果、物质与精神、有职业管理气质的企业家与有企业家精神的中高层管理团队。
2. 天晴的时候修屋顶。进入成长期的企业，创始人和管理团队应该主动推动管理革新，平衡上述九对矛盾。
3. 在成长期企业管理革新五力模型中，九对矛盾对应五大维度和五种力量，分别是战略与目标的牵引力、组织与机制的统合力、人才与团队的生命力、绩效与激励的驱动力、协同与领导的向心力。

■ 企业家诊断与思考的问题

1. 我们是否清晰认识到成长期企业面临的九对矛盾？
2. 我们如何借助成长期企业管理革新五力模型，从五个维度探索和设计管理革新解决方案？

■ **延展阅读**

1. 《**变革之心**》，作者约翰·P. 科特。该书给出了"目睹—感受—变革"的变革模式。作者认为，目睹真相、感受到紧迫、引发思考的变革过程要远比"分析—思考—变革"的模式更为有效。
2. 《**刷新：重新发现商业与未来**》，作者萨提亚·纳德拉，2014年接任鲍尔默成为微软第三任首席执行官。他通过该书向读者介绍了微软的变革。书中"刷新"一词和本书的"革新"一词有异曲同工之处。

PART 2

第 2 篇

打胜仗

管理革新五力模型之牵引力

CHAPTER 3

第 3 章

业务增长

"坚守核心"与"分形创新"

在企业成长早期,产品或服务能够充分响应市场需求,从而促进了业务的快速增长,这一阶段让企业创始人因为主业务的成功逐渐自信。随着与外部的沟通、链接增多,创始人会发现有很多新的业务机会,同时,老业务逐步进入瓶颈期,出现了增长乏力的现象。

于是,在外部诱惑与内部压力共同作用下,成长期企业的创始人开始寻求业务升级、转型、拓宽,或者探索孵化新业务。

在面对众多新业务机会与可能性时,如何选择才能实现更健康、更有效的业务增长,是成长期企业最需要思考的战略课题。

希望本章内容能够帮助你回答以下问题。

（1）企业战略规划的起点是什么？

（2）什么是业务增长战略？

（3）如何选择和设计有效的业务增长战略？

战略规划起点三问

关于"战略"一词，我们先来看看管理大师们是如何解读的。

著名战略管理大师迈克尔·波特认为：战略就是创造出一个独特且有价值的定位，涉及一系列不同活动的组合。战略定位的本质是，选择不同于竞争对手的运营活动。

"定位"理论的创立者杰克·特劳特在《什么是战略》一书中指出：战略就是让你的企业和产品与众不同，形成核心竞争力。

而在我们看来，**战略要解决的本质问题是企业如何实现业务增长**。成长期企业想要系统地对业务增长战略进行规划，思考的起点在哪里呢？我们认为应该从以下三个问题出发进行思考。

1. 想不想：企业的使命和愿景是什么

也许创业只是因为有一个业务机会，可以挣一些钱，但企业发展到一定阶段后，需要认真思考"我们为什么存在"以及"我们希望成为一家什么样的企业"，也就是企业的使命和愿景。

好的使命和愿景是有效牵引团队持续向前走的内核与动力。好的使命和愿景，是高管团队领导力的核心来源，是驱动业务布局的动力和判断依据，是培养员工归属感和成就感的土壤。

阿里巴巴在建立初期，就确定了其使命："让天下没有难做的生意。"在2019年升级了愿景："追求成为一家活102年的好公司。我们的愿景是让客户相会、工作和生活在阿里巴巴。"阿里巴巴的业务布局也是始终围绕使命和愿景展开的。

使命、愿景听起来玄之又玄，但正是因为使命和愿景的缺失，让很多成长期企业失去了持续增长的动力，让创始人及高管团队迷茫，不知道该走向何方。那么，创始人及高管团队应该如何思考和提炼企业的使命与愿景呢？

"**使命**"就是思考"我们为什么存在？我们为谁创造什么样的价值？"，可以通过对以下问题的回答进行探询和总结。

- 为什么世界上有必要存在"我们"？
- 我们致力于为客户、产业、生态、社会大众、国家、世界带去什么价值？
- 我们的客户是谁？客户的需求是什么？我们满足需求的方式是什么？
- 我们创立企业以及发展到现在的初心是什么？
- 我们之所以能一路发展到现在，长期坚持的外部价值判断标准是什么？

"**愿景**"就是思考"我们希望成为一家什么样的企业？"，可以通过对以下问题的回答进行探询和总结。

- 我们宏伟、激动人心的目标是什么？
- 我们希望成功的样子是一幅怎样的蓝图和画面？我们希望有什么样的业务布局和行业地位？

2. 有没有机会：建立行业终局思维，洞察外部有哪些业务机会

日本战略之父大前研一说：一家企业的能力反映在"对看不见的未来的风险对冲"和"对看得见的未来的布局"。

企业家要对行业的未来甚至终局有比较清晰的思考和笃定的判断。

要思考的问题包括：企业所在行业的最终发展方向是什么？行业最终会形成什么样的格局？这样的格局对我们来说哪些是机会，哪些是挑战？我们现在应该如何应对和布局？

美团在团购业务在创立初期就意识到，这个业务最终会步入集中度很高的格局，千百家团购企业"厮杀"，最终只能活下来两三家。因此，在美团的布局思考中，不是可以开通的城市都开通。美团认为全国300个具备开通基本条件的城市里，后100个不能做。这些城市市场较小，营商环境一般，所以管理成本很高，在不能盈利的初期不利于集中资源。剩下的城市怎么布局？常规思维会认为重兵囤积北上广这类大城市是必须的，然而美团的思考却是，大城市是最难垄断的，因为市场巨大，人人都能分上一杯羹。当竞争进入白热化的时候，这些大城市一定是竞争的焦点，一定是资源损耗最大的。最终美团把资源聚焦到除北上广这类大城市之外的中型城市，当"百团大战"开始后，竞争对手果然先关中小城市，力保北上广。而美团对中型城市的重资源布局在这时发挥了关键性作用，乘机形成了更高的市场覆盖率，并实现盈利。再后来，北上广这类大城市市场一片焦土、多败俱伤后，美团通过区域的延伸，一举实现全国的绝对优势。

企业如何提升对事物本质和趋势的洞察能力？企业家及高管团队可以在以下三个方面有意识地加以训练。

（1）多看客户和一线。只有在业务的一线才能对未来的趋势有直观的感受。京东的刘强东每年都要做一次配送员，为的是体验配送的流程，感受一线的辛苦，但更重要的是倾听来自客户的声音。

（2）多看国外和其他行业。看国外的产业发展，看不同行业的变化，发现危机 / 寻找机会。奈飞创始人之一哈斯廷斯曾说，奈飞转型做流媒体，给他启发的是刚建立不久就被谷歌收购的YouTube。他注意到虽然网络视频的清晰度远比不上DVD，但YouTube的浏览量依然居高不下,所以他开始筹划从一个出租 DVD 的二道贩子转变为以数据为内核驱动的"流媒体"服务商,最终把公司成功转型为一家以技术为推动力的互联网公司。

(3)多看历史。在大变革的时代,谁都没有经验,历史反而提供了很多的启发。曾任阿里巴巴集团参谋长的曾鸣说过,当年阿里巴巴决策进入云计算领域的时候,他们把第二次工业革命的历史反复看了好几遍,发现云计算发展背后的逻辑和电变成公共服务的逻辑是完全一样的,这样拍板就有底气了。

3. 能不能:结合企业自身能力和资源,对业务机会进行筛选布局

不仅要有外部视角,看环境、看行业……还要回归到企业内部思考:为了能够在行业终局中分一杯羹,我们现在的业务应该如何布局?要发展什么业务,哪些业务可能最终会被削弱?这些业务布局在什么样的时间节点必须完成?我们的能力和资源能否支撑?在哪些能力和资源上有明显的缺失?

企业家需要不断审视企业的业务现状,不能迷失在一时的业务扩张的迷局或诱惑中。企业在成长期很容易因为缺乏对业务布局笃定的思考和抉择,迷失在"处处是机会,处处能结果"的繁盛假象中,最终发现错失了走上大道上的时机。

在本章接下来的内容中,我们会重点探讨如何在"坚守核心"和"分形创新"中保持平衡,究竟什么样的业务机会才是好的机会,该以什么样的节奏抓住哪些业务机会,帮助企业思考和设计有效的业务增长战略。

定义业务增长战略

在充分思考企业的使命和愿景(想不想),深入洞察行业中的业务机

会（有没有机会）后，如何结合自身能力和资源（能不能），设计有效的业务增长战略（有效是指实施风险更低、成功概率更高），是成长期企业面临的挑战，这也将极大考验企业家及高管团队的分析与决策能力。

我们先来看两家成长期企业的业务增长案例，然后对业务增长战略的概念进行结构化的定义，最后建立一个分析模型来帮助你更有效地思考。

■ 案　例

F 公司从贸易型公司转向产品型公司

F 公司最初在电商平台上代理销售其他公司的产品，它在成立初期代理销售了很多不同的产品，由于运营能力优秀，取得了不错的业绩。F 公司逐渐发现，在其代理的众多产品中，有一个品类的增长潜力非常大——香薰类，于是 F 公司逐步优化了其代理产品的结构，专注于香薰类产品的销售。

F 公司专注于香薰类产品的销售后，加深了对客户的了解和洞察：客户需求越来越多样化，对质量的要求也提高了很多。因此，目前这种单纯代理产品的模式，很难满足客户对产品品质的要求。于是，F 公司开始参与产品设计，后来独立设计产品，把对客户需求的深度理解融入产品设计，运营方式也从代理销售转换成委托工厂代加工后进行销售，并通过投资控股工厂有了更多产品生产环节的控制力与主动权。目前 F 公司的销售业绩已经实现了连续三年年平均复合增长率达 60% 以上。

■ 案　例

C 公司孵化新业务

C 公司目前的核心业务是"电能质量监测"，通过在各个基站、发电端安装监测设备，对各发电站接入国家电网的电能质量进行实时监测，在出现不符合电网要求的电能接入时发出警报。我国幅员辽阔、地形复杂，发电方式也很多样，有火力发电、风力发电、水力发电等，不同发电方式的电压、发电效率差别也很大。接入国家整体电网的电能质量要在一定安全范围内，否则可能影响整个电网的电能质量，甚至对电网设备、系统造成不可估量的损害。

"电能质量监测"是一个非常细分的行业，行业整体容量规模较小，C公司已经是这个行业的绝对领先者，但年度营收规模只有两亿元人民币左右。因此，为了进一步发展，C公司必须探索新业务，最终决定进军电能治理业务。

电能治理业务是基于电能质量监测的成果，对电能质量比较低的基站或接入点进行治理，也就是提供"如何接入更高质量电能"的解决方案，提升电能整体转化率。C公司经过三年多的探索，耗费了大量的人力、财力，甚至建设了新的实验室，但这项新业务的拓展并不理想，业务增长非常缓慢。

业务增长战略的定义

上述两家案例公司都在寻求业务的增长与扩张，但为什么一家公司取得了成效，而另一家公司收效甚微呢？要想得出这个问题的答案，我们首先要回答一个关键问题：什么是业务增长战略？

用一句话来定义"业务增长战略"：**在哪儿、向谁、提供什么产品/服务以及如何提供**。这是成长期企业对未来业务增长战略进行探索、共创以及达成共识时可以使用的思考框架。

（1）在哪儿和向谁：包括区域、渠道和客户，也就是关于"市场"维度的思考。"在哪儿"指的是企业选择的销售渠道或覆盖的物理区域，本质上就是在什么地方触达潜在客户并售卖产品。

对于线下零售企业来说，门店覆盖的物理区域就是能够触达潜在客户并售卖产品的地方；而对于线上零售企业来说，物理区域的覆盖差异并不明显，但选择不同的线上销售平台或渠道就意味着能够触达不同的潜在客户并售卖产品。

当然，销售渠道或覆盖的物理区域的有效聚焦、选择与拓展，一定要建立在对目标客户及其画像特征进行深入洞察与分析的基础上。

"向谁"指的是客户定位，包括客户是谁、满足他们哪些价值需求这两大问题。

这是探索业务增长战略时需要思考的最原点问题，也是关于战略选择和取舍的最核心问题，决定了"在哪儿""提供什么产品/服务""如何提供"等其他业务增长核心要素。

管理大师德鲁克说过：企业的唯一目的是创造客户。客户定位是企业所有经营管理活动的原点。客户定位不一样，意味着企业的战略打法和运营方式也不一样。例如，同样是餐饮企业，一家的目标客户是需要解决一日三餐的工薪阶层，企业应该更关注餐食标准化、成本效率等；另一家的目标客户是需要高端商务宴请的人群，企业应该更关注餐食的品质与口味、客户体验等。当然，这两家餐饮企业基于各自的客户定位都可以发展得很好，"一个好战略的反面往往也是一个好战略"，只是大家有着差异化的客户定位，在不同的细分市场赢得客户。

（2）提供什么产品/服务。"提供什么产品/服务"指的是企业提供给客户什么产品/服务，包含有形产品、无形服务、价格、品牌、产品组合、折扣促销等。**这是关于"产品/服务"维度的思考。**

（3）如何提供。"如何提供"指的是产品/服务如何生产或交付给客户，让客户最终体验到产品/服务的价值。**这是关于"交付"维度的思考。**

"业务增长坐标"模型

探索业务增长战略对于成长期企业很重要。那么在面对众多的业务机会时，企业应该如何选择和设计有效的业务增长战略呢？前面我们给出了业务增长战略的定义：在哪儿、向谁、提供什么产品/服务以及如何提供，也就是关于市场、产品和交付三个维度的探索与设计。

我们基于这三个维度构建了"业务增长坐标"模型（见图3-1），三个坐标轴分别对应业务增长战略的三个维度：市场、产品和交付。市场包括营销和销售两部分，产品包括技术研发和产品开发两部分，交付包括生产和服务两部分。

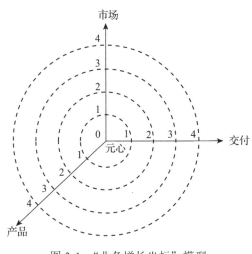

图3-1 "业务增长坐标"模型

每一个维度都存在不同的增长方式，而不同的增长方式对企业来说，面临的难度与挑战也有所不同。我们针对"业务增长坐标"模型设计了一个评价量表，假设当前老业务在市场、产品和交付这三个维度都是1分，对于每个维度上不同的业务增长方式从简单到复杂分别赋予2分、3分、4分，具体如表3-1所示。

这样的评价量表，可以帮助你更好地审视和探索不同业务增长方式的难易程度，从而更好地选择有效的业务增长路径。

表 3-1 "业务增长坐标"模型评价量表

维度	老业务难度	新业务难度		
	1分	2分	3分	4分
市场	原市场	新区域	新渠道	新客群
产品	原产品	小升级	细类目	扩品类
交付	原交付	提质量	延范围	换形态

1. 市场维度的业务增长方式

市场维度的业务增长方式可以分为新区域（2分）、新渠道（3分）和新客群（4分）。

新区域是指物理区域的新拓展，例如销售区域从中国拓展到东南亚；新渠道是指销售渠道的新增加，例如原来只有线下门店的销售，现在增加了线上平台的销售；新客群是指细分客群的新增加，例如原来以男装销售为主，现在拓展了女装销售。

新渠道实际上也分为两种：一种是客户对象未发生变化，只是销售渠道增加了，例如某企业原来只在淘宝平台销售，新拓展了京东平台；另一种是销售渠道增加的同时伴随着细分客群的变化，例如某企业原来只有面向消费者的直销渠道，新拓展了面向经销商的分销渠道。这种伴随着渠道、客户都发生变化的业务增长方式相较只有客户发生改变的业务增长方式，对企业来说难度要更大。

2. 产品维度的业务增长方式

产品维度的业务增长方式可以分为小升级（2分）、细类目（3分）和扩品类（4分）。

小升级是指产品功能、外观、形态等有小幅度的迭代升级，产品SKU不变；细类目是指同类产品的SKU明显变化；扩品类是指提供与当下核心产品相关性较低的产品。

3.交付维度的业务增长方式

交付维度的业务增长方式可以分为提质量（2分）、延范围（3分）和换形态（4分）。

提质量是指交付内容及方式不发生变化，只是交付质量与周期有所改善；延范围是指交付内容有所增加、扩展；换形态是指交付内容及方式发生很大变化，例如从生产与销售产品，转向提供解决方案。

设计有效的业务增长战略

我们用"业务增长坐标"模型及评价量表来分析之前的两个案例中，为什么F公司的转型成功了，但C公司没有成功。

从C公司的业务增长选择来看，新业务看似是在同一行业内，客户群体也相似，但实际上与老业务差异非常大。

（1）市场维度。老业务的主要客户是电网单位，电网单位为了保障各个发电单位接入电网的电能质量更高、更稳定，购买相关监测设备，并安装到相应的发电单位，监测其电能质量。这个业务的客户是电网单位，用户是发电单位，因为电网单位具有主导地位，C公司较易实施原来的业务模式。而新业务的主要客户是发电单位，因为不同的发电方式产生的电能质量有差异，如果新业务可以提升电能质量，对于发电单位来说是有价值的，但并非所有发电单位都愿意花钱采用治理方案，所以新业务面向的是一个新的客群。在老业务中，企业只是能接触到这群客户，但对其并没有太多的话语权或影响力。

（2）产品维度。老业务的产品是对电能质量进行监测的设备，公司收入主要来源于设备销售；新业务的产品是对电能质量进行治理的解决方案，并不局限在设备产品，还需要有整体的解决方案，并要落地实施。相比老业务，这是一个新的品类，不仅技术类别发生了改变，对整体技术水平的要求也提高了很多。

（3）交付维度。老业务是根据客户需求，在规定的时间内生产相关的产品交付客户，并为客户实施安装，接入监测网络后，持续提供监测数据；新业务是在对发电厂进行现场调研后在发电厂现场实施解决方案，这对实施的技术水平要求也提高了很多。新业务的交付内容和形式都发生了很大的变化。

我们结合"业务增长坐标"模型评价量表对 C 公司的业务增长方式进行总结与分析，其新老业务在市场、产品和交付三个维度都发生了很大程度的变化，具体如表 3-2 所示。

表 3-2　C 公司新老业务变化难度对比

维度	老业务	新业务	变化难度等级
市场	电网单位	发电单位	新客群（4 分）
产品	用于监测的硬件产品	提高电能质量的解决方案	扩品类（4 分）
交付	生产、安装、监测	提供解决方案	换形态（4 分）

我们可以采用简单的数学公式进行计算，进而直观地理解新老业务变化的难度大小。

我们假定当前老业务在市场、产品、交付维度的难度分别为 1 分，新业务的难度分为 4 分（具体定义标准在前文中已说明），在各个维度上，业务变化的难度都为 4/1=4。如果各个维度同时变化，难度将会乘积式上升，而业务变化的难度及其对组织的挑战与成功的概率往往是成反比的。可想而知，这项新业务最终成功的概率是极低的，具体如表 3-3 所示。

对于 C 公司，这项新业务需要完全不一样的专业人才、交付流程、内部运营方式与规范。我们可以简单地以营销模式来举例，以前面向的是国有大B电网单位,而现在面向的是一个又一个小B发电厂,针对这两者的营销模式完全不一样,对组织内部来说,响应的流程、效率、机制当然也有完全不一样的要求。

表 3-3　C 公司新老业务变化难度计算

维度	老业务难度	新业务难度	新业务难度 / 老业务难度
市场	1 分	4 分	4 分
产品	1 分	4 分	4 分
交付	1 分	4 分	4 分
总体难度			64（4×4×4）分

对于 F 公司,我们同样结合"业务增长坐标"模型对其业务增长进行分析,具体如表 3-4 所示。

(1)市场维度。新业务面向的客户、渠道和区域与老业务基本相同。

(2)产品维度。老业务基本不涉及技术研发与产品开发,在新业务下,F 公司聚焦香薰类产品,并在此类目中基于客户需求不断细化类目,通过自主设计开发产品,增加同品类下 SKU 数量,所以产品维度的变化是细化了类目。

(3)交付维度。与老业务相比,新业务的交付内容与形式并未发生改变,但对产品交付的质量以及供应商的管理要求提高了,所以交付维度的变化是提升了交付质量。

表 3-4　F 公司新老业务变化难度对比

维度	老业务	新业务	变化难度
市场	对生活品质有一定追求的 18～25 岁年轻女性	未改变	不变（1 分）
产品	工厂自己生产的香氛产品	提供设计,要求工厂生产的香氛产品	细类目（3 分）
交付	从工厂直接拿货	工厂代加工,对品控有更高的要求	提质量（2 分）

同样,我们用数学公式对 F 公司业务变化的难度进行计算,具体如表 3-5 所示。

表 3-5　F 公司新老业务变化难度计算

维度	老业务难度	新业务难度	新业务难度/老业务难度
市场	1分	1分	1分
产品	1分	3分	3分
交付	1分	2分	2分
总体难度			6（1×3×2）分

基于以上分析，我们看到 C 公司新老业务变化难度是 64，F 公司新老业务变化难度是 6，对比 C 公司与 F 公司，C 公司新老业务变化难度是 F 公司的 10 倍还多（64/6）。这就是 F 公司业务增长战略成功，而 C 公司的业务增长战略面临巨大挑战的原因。

识别和选择业务增长路径

当行业处于高速发展的增量时代时，拥有清晰明确的业务增长战略可能没有那么重要，因为到处是机会，但当行业处在存量时代时，如何在竞争中凭借独特的优势胜出就变得至关重要。成长期的资源有限，聚焦资源产出更高的回报也就更加重要。就如同你想成为一名职业运动员，在达到基本身体素质要求后应该选择一个项目专攻，而不是什么都会一点儿但什么都不精，这种状态无法获得突出的职业优势和成绩。

克里斯·祖克（Chris Zook）和詹姆斯·艾伦（James Allen）在他们的著作《回归核心》中谈道，他们通过在 14 年里对 7 个主要国家的超过 8000 家企业进行深入研究和分析，得到的结论令人震惊而焦虑：在 20 世纪 90 年代，全球只有 13% 的企业能勉强实现盈利性增长，另外，1997～2002 年全球最惨痛的企业灾难中，有 75% 是直接由多元化经营的失败引起的。那些结构十分复杂，类似联合体的公司也很少能够实现持续的盈利性增长。业绩最好的公司，通常是先在一个、最多两个核心业务领域处于领先地位，然后从核心业务向相邻领域一步一步扩张，向新客户、新销售渠道、新产品或新用途的扩展又进一步提升了其原有的核心业务。

因此，**对有效的业务增长路径的思考和选择，决定了成长期企业是否能在有限的时间内、有限的资源下，取得更多的业务增长与业绩成果。**这就要求企业如同攀岩一样，每一个岩点都要成为下一步的基础，一步踏错，要么无法继续前进，要么落回起点。一般来说，企业很难同时应对市场、产品、交付三个维度全部进行跨度很大的改变。有效的业务增长战略意味着企业需要想清楚在这三个维度发展的先后顺序是什么，也就是岩点的选择与取舍。

事实上，我们很难准确地说，新老业务变化难度达到多少分就无法成功，但难度分越大意味着新的业务增长方式对现有组织能力的挑战越大，成功概率也就越低。**"业务增长坐标"模型能够帮助企业在众多业务机会中识别出当前对于企业来说成功概率更高的业务机会。**

当然，需要说明的是，企业最终选择哪个业务机会，不是只看成功概率，还会受很多其他因素影响，例如新业务的整体行业容量能否支撑业绩的增长；新业务的竞争格局是否已经形成，企业是否还有机会在行业中分一杯羹；企业家个人在选择新业务时意愿如何。

业务增长背后的驱动因素：组织能力成长

业务增长战略的设计，本质上是对组织能力建设需求的选择与取舍。业务机会的选择决定了业务增长过程中组织能力能否高效复用与延续，而企业能够成功攀到岩顶的业务路径背后也是企业组织能力提升的路径。

在"业务增长坐标"模型中，我们在市场、产品与交付三大维度中，分别设立了新业务发展的递进区别，这些区别就如同攀岩板上岩点离出发点的距离。假设现有老业务对组织能力的要求是"元心"，发展一个新业务，一定是在市场、产品或者交付中的一个或多个维度发生了变化，这些变化必然会带来对组织能力要求的变化，不仅包括组织职能、组织中的响应方式、满足客户价值需求的流程、协同机制等一系列的变化，而且对组织资源、人才能力结构、人员精力分配等同样提出了很大的转变要求，而组织是否能够应对并达到这些变化的要求，决定了新业务能否成功。如果新业务与老业务相比变化较小，组织能够继续沿用现有能力，只需要进行局部改进与提升，整体能够平衡好新业务启动后在资源、效率上的协同，那么组织就能够较好地接纳这些转变，并通过组织能力的提升完成新业务的拓展。业务变化越大，代表在新业务中原组织能力能够复用与延续的部分就越少，企业的转型难度就越大。

为了支撑业绩持续增长，企业需要将挣到的钱再次投到组织能力的建设上，组织能力的提升就如同爬山虎的攀爬一样，要想爬满整面墙壁，得从一角开始，不断攀爬（产品的市场份额越来越多）；同时，爬山虎的主茎不断长得更加粗壮，源源不断地为每一个"触角"供给营养，确保它们能爬得更高、更稳，以探索更广阔的领域。

就像美团联合创始人王慧文所说的："企业能做新业务，本质上是组织能力的溢出。只有这些组织能力的溢出，才能保证一个企业在新业务的机会出现时能抓住。"

■ 本章小结

1. 战略规划起点三问：探询企业的使命和愿景（想不想）、洞察外部的业务机会（有没有机会）、筛选布局业务机会（能不能）。
2. 业务增长战略的定义：在哪儿、向谁（市场）、提供什么产品/服务（产品）以及如何提供（交付）。
3. 借助"业务增长坐标"模型及评价量表，围绕当前核心业务分析应该优先探索哪个业务机会，从而设计有效的业务增长战略，提高新业务成功的概率。
4. 业务增长战略的设计，本质上是对组织能力建设需求的选择与取舍。

业务机会的选择决定了业务增长过程中组织能力能否高效复用与延续，而企业能够成功攀到岩顶的业务路径背后也是企业组织能力提升的路径。

■ 企业家诊断与思考的问题

1. 我们的使命和愿景是什么？
2. 我们所在的行业目前整体发展前景如何？行业发展的终局会是怎样的？我们看到哪些业务机会？
3. 我们如何借助"业务增长坐标"模型，对业务机会进行筛选和分析，最终选择和设计有效的业务增长战略？
4. 要支撑业务增长战略的实现，我们应该重点建设哪些组织能力？

■ 延展阅读

1. 《竞争战略》，作者迈克尔·波特，他被誉为"竞争战略之父"。他提出了以下几个重要概念：决定产业吸引力的五种竞争作用力；企业发展的三种基本战略，以及实现这些战略的价值链分析方法；进攻性战略和防御性战略等。《竞争战略》指明了一个公司如何更有效地竞争，以加强其在市场上的地位。
2. 《什么是战略》，作者杰克·特劳特。这是一本关于商业竞争和战略的畅销书，讲述了如何制定和实施战略，摆脱价格战，实现真正的差异化经营。书中有全球顶尖营销战略家的经验和建议，对于企业家们来说具有非常重要的借鉴意义。
3. 《回归核心》，作者克里斯·祖克和詹姆斯·艾伦。该书被誉为管理界第一部对战略性扩张行动进行深入研究的著作。

CHAPTER 4

第 4 章

目标管理

对齐"当下"与"未来"

组织之所以存在,有两个最为关键的核心要素——一群人与共同目标。一项权威调查显示:在企业中,30%的工作与实现企业战略目标没有任何关系;40%的内部协作问题与团队成员对于企业战略目标的差异化理解有关。这就意味着很多企业在"目标清晰和达成共识"方面存在很大的提升空间。

希望本章内容能够帮助你回答以下问题。

(1)从战略到执行的目标管理体系包括哪几个步骤?

(2)目标管理工具的本质是什么?

(3)如何推动对目标的同频和共识?

（4）如何应对目标管理中的常见现实难题？

从战略到执行的目标管理体系

关于战略与目标管理，企业经常面临以下问题：

（1）企业每年"沿着旧地图"惯性重复，无法确定战略方向和业务选择是否符合行业终局趋势。

（2）企业只有战略方向和经营业绩目标，缺乏对达成策略、过程节奏、具体举措的深度拆解。

（3）企业设定的战略举措仅以口号形式存在，缺乏对"谁、何时、做何事、做到何种程度、需要何种资源"的澄清，导致责任无法落实。

（4）企业管理团队仅投入大量时间与精力用于对目标达成共识与拆解目标，但缺少落地执行过程的动态跟进、复盘与纠偏改进机制。

（5）战略与目标只存储于老板或少数高层头脑中，各部门则依惯性做事，导致协同困难，无法力出一孔。

针对上述五个问题，为了实现战略与目标管理的方向正确、策略清晰、责任落实、复盘改进和充分达成共识，我们总结了一个完整的思考框架和方法模型——战略与目标管理五步法（见图4-1）。

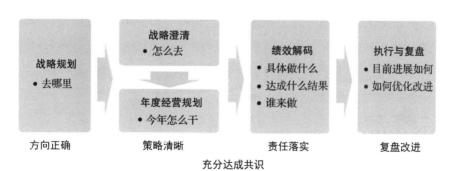

图 4-1 战略与目标管理五步法

第一步：战略规划

成长期企业的战略规划制定主要参考第 3 章所探讨的对业务增长战略的思考与设计，而本章主要聚焦于构建从战略到执行的目标管理闭环体系，也就是基于明确的业务增长战略，拆解出目标、举措、行动。

战略规划的产出是最终方向和成果，也就是解决"去哪里"的问题。 任何具体工作开展之前，都要先明确预期方向和成果，否则就谈不上具体的举措和行动。

具体来说，战略规划需要明确成功的样子，包括战略意图和战略目标，这两个方面同等重要。 战略意图是指规划实现时的模样和状态，一般是定性的、有画面感的描述，有助于激发团队成员对"为什么去那个方向"的内在感性认同，发挥战略本身自带的凝聚功能。而战略目标是指衡量规划实现的标准，一般是定量的、客观的指标，有助于明确"怎么才知道已到达"的外显理性标准，避免理解不一致。

以"和朋友到西藏旅行"为例，战略意图可能是类似"我和朋友 3 人共同站在雄伟的布达拉宫前合影""西藏深度游帮我们消除了心中的烦恼"等场景化的描述；而战略目标则可能是类似"×月×日前抵达西藏""2 周游遍攻略中的所有地方""行程整体满意度评价 90 分"等明确具体的衡量标准。

再以某消费品公司的实际咨询案例来进一步说明，显然"成为线上全渠道第一品牌国货"就是一个非常鼓舞人心的战略意图，而"公司整体 GMV（商品交易总额）达到 6 亿元"则明确量化了战略目标。

第二步：战略澄清

管理大师德鲁克说过：战略不只是研究未来做什么，更重要的是研究当下做什么才有未来。

通过战略规划明确了"去哪里"之后，接下来要做的就是**战略澄清，也就是探索抵达成功彼岸的策略、节奏和举措，解决"怎么去"的问题。**实现战略规划有不同的策略，不同的策略对应着不同的过程节奏、举措行动和资源配置。

比如，你决定去西藏旅游，是跟团还是自驾，就涉及策略的选择。若决定自驾前往，那么具体的路线设计、车辆保障方案等将被纳入后续重点思考的举措行动与资源配置范畴。

完整的战略澄清的产出应该包括三大部分：三年业务增长路径、三年战略成长阶梯、三年战略举措。

1. 三年业务增长路径

围绕战略规划，明确企业在具体产品、区域、客户、渠道上如何聚焦与拓展，明确未来三年的策略与节奏。

以下是一家企业"业务增长路径"的案例。

■ 案　例

表 4-1 展示了某香薰消费品企业三年业务增长路径。

表 4-1　某香薰消费品企业三年业务增长路径

业务增长路径	客户定位	渠道/区域	产品/服务
第一阶段	30～35 岁精致妈妈	天猫、私域、拼多多	香薰类目 （居住、车载、电器、办公）
第二阶段	+国内 B 端 （OEM、企业主）	+抖音、小红书、1688、社群、京东	+定制服务+香氛洗护
第三阶段	+海外 C 端 +国内 B 端经销商	+线下经销、线上分销 +亚马逊	香氛全类目 （香水、香氛洗护）

案例企业的合伙人团队，在对行业、客户和竞争对手的洞察分析基础上，共同探讨了企业未来三年业务增长路径。

第一阶段，企业重点聚焦在30～35岁的精致妈妈群体，通过天猫、私域和拼多多三大平台渠道，围绕四大香薰使用场景提供产品。

第二阶段，除现有C端消费者之外，拓展国内B端企业客户，包括OEM代工厂和企业客户，为B端企业客户提供产品定制服务。同时，在渠道方面，新增抖音、小红书、1688、社群、京东平台；在产品线方面，在现有香薰类目基础上增加香氛洗护类产品。

第三阶段，销售渠道从国内拓展到国外亚马逊平台，通过在国内拓展线上分销和线下经销渠道，客户定位增加了"海外C端消费者"和"国内B端经销商"。同时，产品进一步拓宽至香氛全类目，包括香水、香氛洗护、香薰等。

2. 三年战略成长阶梯

明确未来三年按预期成长节奏实现战略规划对应的年度战略主题、年度核心指标、年度指标优先级。

从表4-2中不难看出，某大数据技术公司战略规划期内每年聚焦的核心事项（核心能力塑造）是差异化的。这家公司每年的战略主题是不一样的，每年对应关注的核心指标以及优先级排序也是不一样的（1～5数字编号代表这个指标在对应年份的优先级排序）。

表4-2　某大数据技术公司三年战略成长阶梯

年份	年度战略主题	核心指标优先级							
		标杆客户数	产品模块化	市场占有率	产品可用性	营收	运营收入占比	利润	技术先进性
第一年	商业模式成形	1			2				
第二年	产品化	1	2		3				
第三年	市场占有	2		3			4	1	5

3. 三年战略举措

明确为支撑三年业务增长路径与战略成长阶梯，企业未来三年要采取的战略级行动举措。

产出的形式可以是一系列描述性短语，比如全面整合营销、提升重点市场客户占有率、每年打造两款爆款产品、提升横向协同效率等。

图 4-2 显示了某教育企业的三年战略举措。

```
1. 全面整合营销                    8. 加强员工人文关怀
2. 加强客户关系管理                9. 创新并打造优质课程
3. 建立完善的客户服务标准体系      10. 建立授权型和学习型组织
4. 提升家校活动的品质              11. 完善薪酬福利与绩效体系
5. 持续打造安全的校园环境          12. 多形式落地企业文化价值观
6. 制订并实施孩子个性化发展的方案  13. 打造数字化运营及管理平台
7. 持续优化并全方位落实课程体系
```

图 4-2　某教育企业的三年战略举措

第三步：年度经营规划

年度经营规划的起点是年度经营目标设定。关于目标设定，本章第 4 节将专门探讨这个话题。**年度经营目标通常包括营收和利润目标，因此，我们可以从"开源"和"节流"两条线进行拆解，梳理出支撑营收和利润目标达成的具体举措。**

1. 开源：探索业绩增长举措，实现营收增长

经营要出奇，并不是靠灵感式创新，任何低成本的有效创新的背后都是有逻辑的思考。关于"企业如何实现业绩增长"，我们有一套系统逻辑框架与步骤来帮助企业思考（见图 4-3）。

图 4-3　业绩增长拆解三步骤

第一步，拆分营收目标。通俗地说，就是"大数字变小数字"。当年整体营收目标可以从新老产品、新老客户、不同行业、不同渠道/平台、不同区域等多个维度拆分，一方面帮助企业直接将拆分后的营收目标分配到具体责任主体，另一方面帮助团队共同思考分析当年营收目标达成的发力点和突破点，从而进一步明确营收目标达成对市场推广、渠道拓展、产品研发等方面的需求。示例如表 4-3 所示。

表 4-3　某生产企业 ×××× 年度营收目标拆分

营收目标拆分维度		×××× 年目标（元）	发力点和突破点
销售额		2.35 亿	1. 新产品开发、量产与客户认证成功，全力实现新产品销售目标 2. 保证产品供应及时与品质稳定，稳定住老客户市场份额 3. 重点发力外贸渠道，拓展印度和日本市场 4. 组建经销商拓展铁三角团队，提升经销商销售占比
产品	老产品	1.7 亿	
	新产品	6 500 万	
行业/区域/渠道	A 行业	7 280 万	
	B 行业	6 710 万	
	C 行业	2 770 万	
	外贸	6 740 万	

第二步，定义增长公式。数字拆分只实现了"大数字变小数字"，并没有回答"具体做什么"的问题。因此，企业还需要进一步找到营收增长的驱动因素和内在逻辑。这里介绍一个非常重要的工具——**增长公式**。

什么是增长公式？增长公式的逻辑来源于增长黑客理论，这是一套帮助企业快速增长的思维体系。增长黑客理论最早是由肖恩·埃利斯（Sean Ellis）在 2010 年提出的，2012 年被硅谷各公司广泛关注，我们所熟悉的 Facebook、Twitter、LinkedIn 都是利用这套理论实现用户增长的。

2015年,随着中国互联网创业潮的到来,增长黑客理论开始被国内很多企业应用。

根据增长黑客理论,增长的关键是要先建立企业基本增长等式(增长公式),然后结合自身战略和市场情况,在等式中寻找最有效的增长杠杆,从而实现企业的快速增长。

眼下市场竞争已经变得越来越激烈,企业获客成本亦随之越来越高。企业营收的增长早已不仅仅是市场销售部门的工作,而是需要企业基于客户全生命周期去挖掘增长机会,所有部门高效协同、并肩作战。因此,**企业的业绩增长公式应该从产品/服务、区域/平台/市场/客户、线索/流量、成交/转化、客单价、留存/复购/推荐这六个维度进行系统思考与定义**(见图4-4)。

1.有更多的产品/服务可卖	产品/服务
2.有更多的区域/平台/市场/客户会买	区域/平台/市场/客户
3.让更多的人想买	线索/流量
4.让更多的人来买	成交/转化
5.让买的人买得更多	客单价
6.让买的人买得更频繁/推荐别人来买	留存/复购/推荐

图 4-4 六维度思考和定义业绩增长公式

企业可以参考以上六个维度,结合自身所在行业的特点,探讨定义自己的业绩增长公式。例如,某服装连锁企业的业绩增长公式是

业绩增长 = 产品 SKU 数 × 店铺数 × 客流量 × 进店率 × 体验率 × 成交率 × 连单率 × 回头率/转介绍率

第三步,拆解增长举措。增长公式被清晰定义并达成共识后,接下来需要共同探讨的就是为了达成当年经营目标,需要重点在增长公式中的哪几个环节发力,从而有针对性地优化提升,以期最大化发挥对业绩

的杠杆撬动效应。

例如，在上述服装连锁企业的案例中，假设企业当年要在增长公式中的"成交率"方面提升1个百分点，经讨论发现，可以实施两项关键举措：提升导购人员的专业能力及影响能力，设计有效的促销激励政策。

2. 节流：探索效率提升举措，获得合理利润

基于财务分析逻辑，我们可以从单位业务成本、固定费用和资产效率三大维度探索效率提升举措（见图4-5）。

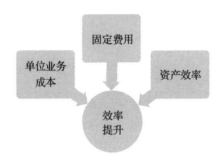

图4-5　企业效率提升的三大维度

（1）**单位业务成本**。这是指随着每笔业务发生而产生的直接成本，包括采购成本、生产成本、物流成本、服务成本等，它们对毛利产生重大影响。比如，软件公司的项目开发投入的人员成本占销售额比重很高，那么降低单项目开发人员成本就成为关键。成本管理的逻辑是**"该省的钱要省"**，省出来的都是利润，当然前提是不影响产品/服务品质和客户价值。

（2）**固定费用**。这是指为了更好地完成企业的经营管理活动而产生的间接成本，包括市场营销费用、行政办公费用、财务费用、研发费用等。前面提到的单位业务成本决定了产品毛利，而产品毛利减去固定费用后才是企业的净利润。然而，有些固定费用是刚性支出，无论销售额高低，这部分费用都会发生，这就需要企业要么通过提高销售额来分摊，

要么通过制定合理的预算来控制支出。费用管理的逻辑是**"该花的钱要花，但要花出效果"**，确保投入产出的合理性。

（3）**资产效率**。资产包括现金资产、固定资产和无形资产等。现金资产效率主要涉及库存周转率、应收账款周转率等，比如贸易类企业的库存周转率是关键，产品销售账期长的企业应收账款周转率则是重要指标。固定资产，例如航空公司的飞机、生产企业的中大型生产设备，其周转率都会直接影响产品毛利。无形资产包括但不限于专利、品牌、IP等，能否最大化地变现也直接决定了企业的利润空间。

因此，企业在进行年度经营规划研讨时可从以上所述三个维度出发，梳理当年效率提升的最关键维度和环节，针对这些维度和环节探索具体的效率提升举措。

第四步：绩效解码

管理大师德鲁克在《卓有成效的管理者》一书中提出了这样的问题和观点：很多组织一事无成的原因是什么？没有时间完成一项任务中最耗时间的部分——将决策转化为行动的过程。

不管是战略澄清输出的三年战略举措，还是年度经营规划输出的开源节流举措，都需要经过严谨细致的绩效解码。**所谓绩效解码，是指将每项举措拆解落实到具体责任人、具体行动计划和具体目标结果，也就是回答"谁、具体做什么、做到什么程度"的问题。**

例如，按既定路线出发前往西藏前，需要梳理清楚游玩点、车辆、住宿、餐饮、衣服、必备药品、拍照设施等一系列具体事项并制订行动计划。

在绩效解码过程中，第一步要梳理"做到什么程度"，也就是举措对应的衡量标准，让团队成员对于举措的内涵、衡量标准真正达成共识和同频。过程中可以通过反复问以下两个问题进行深度思考：这项举措完成后要实现的效果/结果是什么？如何证明这项举措实现了预期效果/结果？比如，某项举措是"加强客户运营活动"，衡量标准包括"客户活动参与率"和"客户活动现场复购率"两个指标，这两个指标达成与否能有效反映举措是否达到预期效果。

绩效解码的第二步就是梳理"谁"和"具体做什么"，也就是拆解"行动计划"。需要清晰、准确、有效地梳理举措具体做什么，由谁来落地。关于行动计划拆解，我们总结了三大思考维度，以更好地输出行动计划并推动落地。

（1）**思路和步骤维度的行动计划**。这一点很好理解，就是完成某项举措的具体思路、步骤、节点等，也就是一步步应该做什么。

（2）**资源支持维度的行动计划**。光有思路和步骤而不思考资源支持，最后很有可能是纸上谈兵。资源支持往往涉及人、财、工具、其他部门支持等，因此这部分行动计划的明确在一定程度上也能够推动跨部门沟通与协同。

（3）**障碍突破维度的行动计划**。有些工作举措的达成可能长期以来始终存在一定障碍、挑战，需要突破，这些也应该梳理出来并纳入明确的行动计划。

当然，行动计划描述都应当符合 SMART 原则⊖，而不是模糊的口号或方向。上述三类行动计划中，我们认为"资源支持"和"障碍突破"维度的行动计划尤其重要，一旦忽略，往往容易成为最终举措未落实的"好"理由和"好"借口。

因此，只有完整地从思路和步骤、资源支持、障碍突破这三个维度思考并梳理行动计划，才说明责任人基本把具体行动推演清楚了，才有推进落地的基础。示例如表 4-4 所示。

⊖ SMART 原则指具体、可衡量、可实现、相关、有时限。

表 4-4　某公司关键举措"加强客户运营活动"的行动计划拆解

序号	举措	衡量指标	行动计划		责任者	时间期限
			维度	具体内容		
1	加强客户运营活动	1. 客户活动现场复购率达到 $X\%$ 2. 客户活动参与率 $Y\%$	思路和步骤	分析客户信息及需求，制订全年活动方案并通过审批	客户运营部	3月底前
				与产品部、销售部讨论确定客户运营活动嵌入推介与转化活动的具体方案	客户运营部/产品部/销售部	4月底前
				举办第1场客户运营活动，并完成活动预设指标	客户运营部	6月底前
				举办第2场客户运营活动，并完成活动预设指标	客户运营部	11月底前
			资源支持	招聘客户运营主管	人力资源部	2月底前
				CRM（客户关系管理）系统的数据准确并共享	销售部/IT部	2月底前
			障碍突破	建立有针对性的邀约激励制度，与销售人员绩效挂钩，加大对销售人员的邀约支持力度	客户运营部	3月底前

最后需要提醒的是，在行动计划的推演落实过程中，有三点得始终考虑，那就是精力、资源和风险。精力是指关键人员的时间与精力投入，资源包括人、财、物等，风险是指从决策到行动过程中的不确定性变化带来的影响。精力、资源、风险，与举措和行动相互决定、相互影响，需要做好评估和匹配。简单来说，就是实现某个目标很重要，以什么样的精力、资源投入和冒什么样的风险实现这个目标更重要。

第五步：执行与复盘

目标的拆解与达成共识仅仅是战略执行的第一步，而且目标往往是富有挑战性的，这意味着组织要有较强的能力才能支撑目标达成。

因此，**企业内部是否有保障团队成员不断对照目标复盘、分析与改进的机制尤为重要**。这里的机制主要包括两个方面：第一个是信息反馈系统，即对照各项目标数据及时反馈与报告的系统；第二个是复盘会议，即周期性召开的经营与绩效复盘会议。信息反馈系统最好能结合所在行业与企业自身特点，借助信息化手段实现业务数据沉淀与分析。在复盘会议中，则需要通过发散—碰撞—收敛的头脑风暴方式找到组织能力提升的机会点和改进措施，通过组织能力提升推动挑战性目标的达成。

关于"如何开好经营复盘与绩效改进会议"的话题，我们将在第 9 章展开详细的讨论，包括绩效复盘会议如何召开、复盘会议各角色如何有效发挥作用、如何有效地进行改进分析等。

目标管理的两大本质

目标管理（MBO），是彼得·德鲁克在 1954 年的著作《管理的实践》中最先提出的。**德鲁克认为，并不是有了工作才有目标，而是有了目标才能确定每个人的工作，所以"企业的使命和任务，必须转化为目标"。**

很多管理者其实并没有真正理解、掌握和应用目标管理的方法，将大量的时间和精力花在具体工作的设计、沟通、执行和协调上，没有在目标的厘清、拆解、沟通和跟进上投入充足的时间和精力，使自己陷于"越来越忙"的泥潭中。

区分目标与具体工作

如何区分目标和具体工作？

- 组织一场培训是一项具体工作，通过培训提升员工能力则是一个目标。
- 做好客户拜访是一项具体工作，通过有效拜访获取意向合约是一个目标。

- 寻找并开发新的供应商是一项具体工作，拓展两家符合标准的优质供应商以更好地保证产品交期是一个目标。
- 做好短视频和直播是一项具体工作，通过优质的短视频和直播获取精准的粉丝是一个目标。

从以上例子可以得出：**目标是关于效果产出的，而具体工作是关于动作过程的。**管理者如果过多关注具体工作，而忽略了目标，可能带来多重危害。

- 如果目标都不明确，将很难保证所有人在正确、一致的方向上努力，团队绩效有效性存疑。
- 管理者过度关注和干预具体工作，会让下属的自主思考能力和担责意识下降，不利于团队成长。
- 管理者过度关注和干预具体工作，容易导致自身精力分散和管理下沉，无法发挥自身的更高价值。

BSC、OKR、OGSM：工具不同，本质相同

企业管理者面临目标管理困境时，常常选择不断外出学习，寄希望于通过某个绝佳工具或信息系统高效快速地解决眼前的问题，因此 BSC（平衡计分卡）、OKR（目标与关键结果）、OGSM（目的、目标、策略、衡量）等概念与工具随之轮番流行起来。

但这与学功夫一样，企业管理者首先必须充分理解目标管理的本质，练好"基本功"，如果一心只求"绝招秘籍""盖世神功"，却不进行"内功"修炼，最终只会看到问题循环出现。

当然，无论是 BSC、OKR 还是 OGSM，都是能够帮助我们练好目标管理"基本功"的好帮手。事实上，这些工具虽然在逻辑与呈现形式上有所差异，但有着相同的本质。

这些工具相同的本质是解决目标管理中的"定性定量"和"拆解对齐"问题。这里面有两个关键点：

第一，目标管理中"定性"和"定量"是一对耦合关系，不可分割。

第二，任何目标管理工具，核心目的都是帮助团队实现目标的拆解和对齐。

目标管理本质之一："定性"与"定量"

目标管理中"定性"与"定量"是一对耦合关系，即既有定性描述也有定量指标，且两者之间有充分的逻辑关联。结合咨询实践，我们发现近年流行的目标管理工具（BSC、OKR、OGSM）都具备这一特点（见表4-5）。

表4-5 近年流行的目标管理工具的"定性"与"定量"

工具	定性	定量
BSC	战略地图：将战略实现路径可视化	平衡计分卡：将战略主题转换成衡量指标
OKR	O：定性目标	KR：量化的关键结果
OGSM	O：最终目的 S：策略举措	G：具体目标 M：衡量指标

所以，目标管理就是从定性和定量两个角度对目标进行描述。所谓**定性目标**，本质上就是回答这样一个问题："到期末，我希望成为什么样子或达到什么状态？"而所谓**定量目标**，本质上是在回答另一个问题："到期末，我通过哪些客观标准可以知道已经达到我期待的样子和状态？"

例如，"打造极具影响力和让人惊喜的app"，这就是目标中"定性"的部分，是状态，是样子；而"app排行名次""app下载量""app日活用户数""app付费订阅/续订比例"等指标，就是目标中"定量"的部分，是客观可衡量的标准。

到此你可能会有疑问，很多企业一提到目标管理就想到的是KPI，为何我们并未提及？实际上，我们并不认为KPI是完整的目标管理工具,因为它忽略了目标中"定性"的部分,只追求关键结果的量化指标,这也是 KPI 被质疑的核心原因。

一旦执着于 KPI "量化指标"和"数据结果"本身,再加上与考核激励强关联,就很容易让身背 KPI 的责任者忽略目标背后的意义和追求的价值,导致工作行为偏离正确的方向。

举例来说,某公司市场部门可能会有这样一项 KPI——公众号粉丝数。为此市场部门设计开展了一系列工作,包括通过促销诱导粉丝关注、利用外包团队的运作增粉等。结果促销诱导方案造成客户对公司品牌与定价产生负面印象;利用外包团队增加的粉丝则完全不是公司的目标客户群体。这就是唯数字论的 KPI 带来的典型的错误引导,该公司市场部门完全忘记了"公众号粉丝数"背后的意义和价值是做好粉丝运营,同时为公司产品销售导流。

目标管理本质之二:"拆解"与"对齐"

图 4-6 展示了目标管理的本质——"拆解"与"对齐"。

图 4-6　目标管理本质之"拆解"与"对齐"

所谓"拆解",分为时间维度和空间维度。时间维度拆解指长期目标要拆解成中期目标,中期目标要拆解成年度目标,年度目标要拆解成季度任务,季度任务要拆解成月度计划;空间维度拆解指将企业目标拆解到部门,从部门拆解到团队,从团队拆解到岗位。

图 4-7 是某公司中长期目标拆解示例。

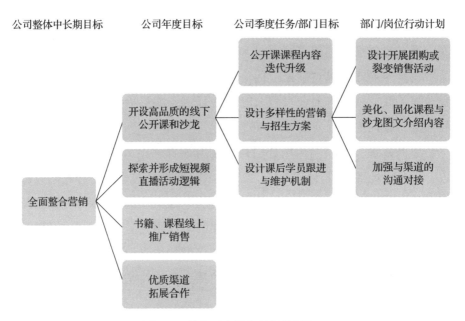

图 4-7　某公司中长期目标的拆解

所谓"对齐",分为上下对齐和左右对齐:上下对齐是指在空间维度的拆解沟通过程中达成共识;左右对齐则需要跨部门、跨团队、跨岗位之间真正拉通和协同。实际上,通过对齐实现长期组织目标的澄清并达成共识,是解决企业普遍存在的"部门墙,协作难"问题的一个有效方法。

目标的"上下对齐"相对容易理解,这里主要介绍一个关于目标"左右对齐"的例子。

■ 案例

某公司有个年度目标是"打造一款功能领先的爆款",为达成这一整体目标,产品部、研发部、采购部、市场部、销售部需要通力协作。

产品部的目标是"深入开展市场和消费者需求洞察,定义产品功能需求",通过制定产品策略和撰写需求文档的方式与其他部门共同完成立项工作,相关部门就产品功能、研发节点、关键材料、定价与成本、销售可行性等达成共识。

研发部与采购部相互配合，实现"按节点完成产品开发，在目标成本前提下，保证产品功能质量、外观及易用性达到要求"。

在产品开发到一定阶段时，市场部就自己的目标——"通过全面整合营销渠道，提升产品声量，持续助力销售达成目标"，提前开始布局产品推广。

最后，当然是销售部"完成产品既定销售目标"，为公司实现价值变现。

因此，企业要重点关注某个整体目标是否被相关部门完整承接，以及相关部门对各自的责任和价值是否有清晰的认识并达成共识，这一点在战略执行中至关重要。

同频共识保障目标落地

战略与目标管理五步法是帮助我们有逻辑地实现方向正确、策略清晰、责任落实、复盘改进和充分达成共识的机制，是架设在当下与未来之间的一座桥梁，而其中，**同频共识是目标管理发挥作用的核心原则与重要基础。**

然而知道归知道，在企业实际的管理场景中，确实存在每当年初、年中、年末需要中高层管理团队脱产几天集中研讨的时候，老板内心忍不住犯嘀咕：这样的时间和成本投入，是否值得？

我们从大量的企业咨询辅导实践中，总结了目标共创和共识研讨的五个价值。

（1）对目标的"Why"更认同。企业中最常出现的就是管理者质疑"为什么是这个目标？""我为什么要承担这个目标？"。

（2）**路径和行动更加清晰，内心更加笃定和从容**。目标共创和共识，最重要的就是说清楚当下做什么才能实现明天的目标，也就是关于策略、路径、行动。当达成目标的方法和逻辑清晰时，团队成员内心才会更加笃定和从容。

（3）**核心团队工作更有成效**。对一个组织的效率产生决定性影响的群体是中高层管理团队。目标共创和共识过程，可以帮助他们审视自己的时间和精力应该如何分配，如何聚焦在关键的目标和结果上。

（4）**跨部门协同更有效，力出一孔**。跨部门协同不畅很重要的原因就是缺乏整体共同目标，缺乏在共同目标拆解下的部门目标的拉通和对齐。

（5）**工作复盘更有标准，改进优化更有方向**。没有明确的目标，就无法管理和改进。因此，目标共创和共识也为工作复盘提供了标准，为组织的改进优化提供了方向。

尽管我们必须承认目标共创和共识并不能保证一定成功，但是目标共创和共识研讨过程可以通过上述五个方面提升组织达成目标的能力，从而提高成功的概率。

目标共创和共识研讨的注意事项

企业在实施战略与目标共创和共识研讨的过程中，最容易出现的问题，我们总结了四个。

（1）**讨论的时候很兴奋，要做的事情太多，不聚焦**。研讨会现场往往群情激昂，大家都希望在新的一年发奋图强，规划很多重要的事情，但事实上，人们很容易忽略一点：但凡重要的事情，都需要可观的时间、精力和资源投入。因此，在年度经营规划研讨中，团队需要对所有关键举措对应的行动计划、投入的时间、精力和资源等都做好充分的拆解和评估。宁可做好三件事，也不要规划十件事情一件都没完成。

（2）讨论变成老板的独角戏或小部分人的小范围沟通。一小部分人输出思考，或者看上去组织了研讨会，但老板一看讨论不出东西就自己直接上去一通输出或者质疑团队提出的想法。

（3）讨论中思维过于局限，缺乏外部洞察和多元视角。缺乏对行业发展、竞争对手、客户、合作伙伴的深度洞察和数据分析，仅仅围绕脑子里的常规东西展开讨论，跳不出圈。

（4）讨论中的输出成果似乎达成了共识，但没有真正做到语言同频。在战略举措、具体指标讨论中，可能常常出现"字还是那几个字，但每个人的理解完全不一样"的情况。理解不同，行动就不可能一致。

目标共创和共识研讨中的"语言同频"

在企业经营管理过程中，特别是在目标共创和共识研讨中，经常会谈到一系列要达成的目标和要实施的举措，例如，今年要做好优质供应商的培育，要完成五个新产品的开发和客户认证。但在实际执行过程中，往往会存在偏差，究其原因，常常是由于对目标和举措的理解不一致，也就是我们所说的没有真正做到"语言同频"。

这里，我们总结了一个关于重要目标澄清与实现语言同频的思考框架，从五个方面对目标进行详细的阐述和推演，提升语言同频效果。

（1）**讲清楚目标的价值和意义，"Why"**。为什么要做这件事，对客户、对组织、对部门、对个人有哪些价值。

（2）**讲清楚目标的内涵和外延，"What"**。可以从"是什么"和"不是什么"正反两个方面对目标的内涵和外延进行澄清。

（3）**明确目标的衡量标准**，也就是通常所说的 KPI 部分。要达到什么样的衡量标准才算成功？只有使用客观量化的指标，才能做到真正同频。

（4）**厘清完成目标的有利因素**。为什么经常会出现定目标的人和扛目标的人在目标怎么定这件事情上进行博弈？一个重要原因就是双方在为了完成目标而梳理现阶段实际具备的有利因素时信息不对称。因此需要把这些有利因素梳理清楚，增强团队成员达成目标的信心，同时降低"走弯路"的概率。

（5）厘清完成目标的障碍和资源与条件需求。对完成目标存在的障碍、需要的资源和条件仔细推演清楚。

所谓"磨刀不误砍柴工"，在目标共创和共识上，我们只有多花一点儿时间系统化思考与梳理，才能保证目标的同频共识和有效落地。

目标管理中的若干现实难题

企业管理者在进行目标管理过程中，势必会遇到很多相同的挑战或难题，例如，如何平衡目标的挑战性和可达成性？如何应对目标设定过程中的上下博弈？目标在执行过程中是否应该调整？如何培养管理者的较真意识？

如何平衡目标的挑战性和可达成性

组织的目标管理实践中，目标设定是源头，然而这可能也是给管理者造成最多困惑和挑战的地方。

- 目标设定得不合理，动作就是无效的，资源投入也是浪费。
- 目标设定得太高，员工处于"躺平"放弃的状态也一样没有意义。
- 目标设定得太低，无法激发员工的创造力和优秀人才的自驱力。
……

目标的挑战性和可达成性永远是需要平衡的辩证矛盾。

（1）目标设定不应只以达成为目的，更重要的是要能激发员工改进创新，这就需要目标必须具备一定的挑战性。就像阿里巴巴的价值观中所说的，"今天最好的表现是明天最低的要求"。

（2）目标设定要合理权衡现实条件、资源和风险，能够真正引领团队持续打胜仗。

因此，优秀管理者设定目标时，既不会甘于平庸也不会盲目冒进，因为他们有自我挑战的高成就动机，也具备前瞻性眼光与风险预判能力，最终保证团队持续稳定地产出成果。

如何应对目标设定过程中的上下博弈

每当年底或年初设定目标的时候，老板和团队管理者之间关于"营收目标到底是8000万元还是6000万元"的"斗智斗勇"常会上演。老板从未来机会出发，团队管理者则更多从当下能力和资源现状出发，因此，博弈必然存在。

面对博弈，我们认为核心是要解决三个问题：**为什么？凭什么？做什么？**

（1）**为什么？** 为什么营收目标是"8000万元"？我们可以根据企业历史增长情况、行业发展和竞争对手增长情况、企业中长期战略目标来推算目标值。当然，解决"为什么"的关键还在于通过战略共创会让团队充分理解目标并达成共识。

（2）**凭什么？** 就算认可8000万元的合理性，可是我为什么要为"8000万元"努力付出呢？拼命完成8000万元和轻松完成6000万元，我的收益有什么区别？这就要求企业设计薪酬激励方案，高目标对应高收益，从而让大家愿意接受高目标。

（3）**做什么？** 花时间和精力解决了"为什么"和"凭什么"之后，所有成员应该把关注点全部放在"做什么"上，也就是共同探讨"实现8000万元营收"的具体路径、方法、行动、责任和资源配置。

目标在过程中是否应该调整

如果一个目标的实际完成情况出现了偏差，首先应该认真进行偏差分析。目标完成情况出现偏差的原因主要有**执行不到位、策略方法不起效和目标不合理**，我们可以逐一分析和排除。

（1）**执行是否到位**。目标完成情况出现偏差时，我们首先假设目标是合理的、策略方法也是有效的，最后目标还是没实现，很可能是执行不到位。针对执行不到位，我们可以从**能力、意愿**和**环境**三个方面寻找偏差原因。举个例子，目标拆解后的行动是要每天骑自行车5公里，最后为什么没执行到位？可能是不会骑，这是能力的问题；可能是不愿意骑，这是意愿的问题；可能是没有自行车，这是环境中的资源支持问题。所有的管理体系与机制对组织产生正面积极价值的前提，就是能够有效地发挥作用和影响员工行为。

（2）**策略方法是否有效**。有时候结果与预期出现偏差，并不是我们执行不够努力，而是方法策略不够清晰得当。比如，目标是10分钟内从山底移动到高度达2000米的山顶，如果我们惯性地沿着原有的盘山公路驾车而行，是很难达成目标的，但如果我们通过直升机垂直起落，是有可能的。

（3）**目标本身是否合理**。如果分析偏差后发现，执行没问题，策略方法也没问题，但目标完成情况还是存在较大偏差，那要么是环境发生了很大的变化，要么是目标本身不合理。比如，现在平均项目交付周期是3个月，目标是半年内将项目交付周期缩短到1个月，在没有关键性的技术突破的情况下，这个目标可能本身就不合理。

如果是目标本身不合理，建议企业设置目标合理性评估与目标调整机制。在实践中，企业可以考虑在年中或三季度末进行目标合理性评估并开放一次目标调整的窗口机会。因为如果目标不调整，会出现以下两种情况：

第一种，原先的目标定得太高了，后面两个季度或一个季度大家就会选择放弃。

第二种，原先的目标定得太低了，后面两个季度或一个季度大家就会选择"躺平"。

无论上面哪一种情况，对企业来说都是一种损失。

左右对齐的关键：培养管理者的"较真"意识

战略与年度经营规划研讨会中，有一个环节在达成共识时常常需要花费很长时间，那就是各部门绩效指标讨论与确认环节，因为这是需要各部门管理者实打实扛责任、背业绩。有的管理者在讨论时可能会说这样一句话："这个指标我背不了。"问其缘由，他会说完成指标受制于其他部门的工作，或者说其他部门的支持不够，自己很难独自完成。

老板在听到这些理由后，难免会生气："让你们评价其他部门的时候，你们都是'你好我好大家好'，目标没达成时又会责怪其他部门不配合。我觉得要么就是你们这些部门负责人平时不担责不追结果，反正有理由和借口可以把责任推向外部或其他部门；要么就是你们没有认真思考到底需要对其他部门提出什么样的期待和支持需求，导致部门间协同不畅。"

这里，我们想要提醒老板一定要培养管理者的较真意识，没有人较真也就意味着没有人对结果负责。企业绝不能出现"你好我好大家好"，但"工作成效不好"的现象。

管理者要较真，但较真不是吵架，不是推卸责任，更不是争取利益，而是应该在发现问题、分析原因、推动解决、落实成效四个方面较真。

（1）**管理者要在发现问题上较真。**不仅要关注本部门的问题，还要关注企业整体的管理与运营存在的问题，主动发现问题，不放过问题。

（2）**管理者要在分析原因上较真。**针对存在的问题要客观分析根本原因，是本部门的问题要担责，是其他部门的问题，应该如实告知。千万不能抱有"反正不是我的错，我才不管"的态度。

（3）**管理者要在推动解决问题上较真**。这是管理者最需要较真的方面。如果是要自己去做的，管理者要积极行动；但如果需要其他部门协助支持，而这些部门支持不够，有些管理者就会退缩，不愿意面对所谓的"冲突"，想要维持"良好的关系"。但这其实是缺乏担当的表现。管理者需要解决问题，只有支撑发展、促进增长的行动才是有价值的，为此管理者必须较真。

（4）**管理者要在落实成效上较真**。管理者应该跟踪问题解决的效果，确保行动闭环。如果未达成理想目标，管理者应该较真地跟进和调整，直到达成目标。

有的管理者不愿意较真，可能是因为不愿面对较真时的冲突，害怕破坏同事之间的关系。但对于管理者来说，需要分清孰先孰后、孰重孰轻，支撑企业目标的达成才是管理者的第一责任。

■ 本章小结

1. 保证战略与目标管理的方向正确、策略清晰、责任落实、复盘改进和充分达成共识，需要清晰构建从战略到执行的目标管理体系。
2. 任何目标管理工具，本质都是解决"定性与定量"和"拆解与对齐"问题。管理者目标管理意识与能力的培养，离不开循环往复的目标管理实践。
3. 同频共识是目标管理发挥作用的核心原则与重要基础。目标阐述与推演需要讲清目标的价值与意义、内涵与外延，明确目标的衡量标准，厘清完成目标的有利因素、障碍、资源与条件需求，真正做到语言同频。

■ 企业家诊断与思考的问题

1. 未来三年我们的战略意图和目标是什么？未来三年在产品、区域、客户、渠道方面业务增长路径和节奏是怎样的？

2. 当年营收目标如何在新老产品、新老客户、不同行业、不同渠道、不同区域等不同维度进行数字拆分？我们营收目标达成背后的增长公式是什么？围绕增长公式的关键环节，我们应该重点采取哪些关键举措以实现营收目标？

3. 为了实现当年利润目标，基于单位业务成本、固定费用和资产效率三大维度的分析，我们应该重点优化哪部分的成本和效率？我们应该重点采取哪些关键举措？

4. 举措拆解后，我们是否有效落实到具体责任人、行动计划和目标结果（谁、具体做什么、做到什么程度）？在推演过程中，有没有认真思考精力、资源和风险因素？

■ 延展阅读

1. 《增长黑客：如何低成本实现爆发式成长》，作者肖恩·埃利斯和摩根·布朗。增长黑客理论最早是由本书作者肖恩·埃利斯提出的。这本书中分享了跨部门搭建增长黑客团队，以及实现用户和利润双增长的具体行动指南。该书一经出版，便被科技公司奉为运营圭臬。

2. 《卓有成效的管理者》，作者彼得·德鲁克。他提出的基本观念包括"对组织负有责任，能影响组织经营成果的人，就是管理者""管理者必须卓有成效""卓有成效是可以学会的"。本书 1966 年首次出版，已被译成 30 多种语言，畅销全世界 130 多个国家，是深刻影响全球商界、政界高层人士的著作。

3. 《管理的实践》，作者彼得·德鲁克。这是第一本把管理涉及的各个领域进行系统性论述的书。该书以"管理企业、管理管理者、管理员工和工作"这三项管理任务为主轴，围绕八个关键成果领域提出一系列极具前瞻性的管理见解，又从实践出发阐明了应用的途径，从而构建了管理学科的架构。

PART 3

第 3 篇

布阵型
管理革新五力模型之统合力

CHAPTER 5

第 5 章

机制流程

"个体"与"系统"相互成就

企业在创业期时，人员管理、工作协同和结果控制都主要依赖于创始人或少数核心骨干，这种管理方式叫 To C 式团队管理。企业进入成长期，人员数量增长到百人及以上，再依靠个别管理者的管理行为，很难有持续的好效果。这个时候，就需要转变管理方式，从原来 To C 式团队管理转向 To B 式组织管理。

To C 式团队管理与 To B 式组织管理的区别是什么？从图 5-1 中可以看到，To C 式团队管理的关注点主要在目标和人际、抓具体业务、关注团队中的个体行为等；而 To B 式组织管理的关注点主要在系统和机制、抓组织土壤、关注团队的整体表现。

也就是说，To B 式组织管理，需要企业高层管理者转变理念为"求之于组织，不责于人"，重视并审慎设计企业组织系统与机制。任何管理上暴露的问题，首先想到的是从组织系统和机制的角度如何根本性解决问题，而不是埋怨或追责于某个人能力不行、表现不佳。

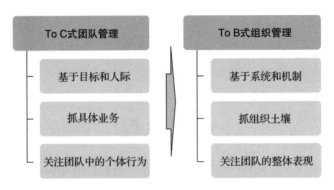

图 5-1　To C 式团队管理与 To B 式组织管理的区别

希望本章内容能够帮助你思考以下问题。

（1）对于组织来说，如何做到依赖于人但不依赖于单个人？

（2）在不同的场景中，如何兼顾发挥"优秀个体"与"系统机制"的价值？

（3）可以做些什么，实现"用系统牵引个体的行为"？

优秀个体带来的"优势陷阱"

企业在创业期时，"英雄领导"或者"业务专家"等优秀个体是企业业务快速突破和成长的关键驱动力。随着组织扩张与员工数不断增长，继续依赖优秀个体会让成长期企业陷于"优势陷阱"，出现以下常见的情况。

比如，某企业老板的技术能力很强，这是企业创业期最重要的竞争优势。进入成长期后，我们发现该企业的产品技术能力和市场反应速度反而在变弱。最重要的原因，恰恰是老板的技术能力强，"大树下面不长草"，技术团队的力量弱，产品开发流程系统也建不起来……

再如，某企业有位老销售骨干，他业务能力很强，销售业绩占比很高，为企业生存发展立下了汗马功劳。企业进入成长期后，在业务开拓效果上却一直达不到预期，究其原因，是这位老销售骨干在担任销售经理后，仍然习惯于自己去冲锋陷阵谈业务，没有意识到要总结自己的销售经验去赋能团队，也没有花精力培养销售人才……

还有，企业某事业部负责人个人综合能力很强，但他总觉得自己的贡献与回报不对等，于是以"离职"作为要挟，向老板争取自己和团队的利益回报，而这时候老板虽然心里很不爽，但碍于当下的事业部运转离不开他，只能先应允以维持稳定……

以上种种情况，总结起来，都是因为企业在创业期过于依赖优秀的个体，没有将经验、能力和知识沉淀下来，变成组织的一套系统和机制，最后导致企业过于依赖老板或某些优秀个体，人才梯队很难支撑企业成长期的发展。

组织不能依赖任何单一个体

企业管理中经常面临各种"先……后……"的困惑，咨询过程中有很多企业老板问我们这样的问题。

- 先找人后定战略，还是先定战略后找人？
- 先选人后定架构，还是先定架构后选人？
- 先选人后定激励机制，还是先定激励机制后选人？

这些困惑和问题，归根结底都是在问："个体"和"系统"哪个在先？哪个更重要？

小米的雷军说过："小米团队是小米成功的核心原因。当初我决定组建超强的团队，前半年花了至少80%时间找人，幸运地找到了7个牛人合伙，全部有技术背景，平均年龄42岁，经验极其丰富。3个本地加5个'海归'，来自金山、谷歌、微软、摩托罗拉等，土洋结合，充满创业热情。"

真格基金创始人徐小平说过："投资就是投优秀的人，即使商业模式不好也要投，我在投资的时候，不聚焦在某个领域，就是看人。"

类似这样的成功经验有很多，这似乎在告诉我们一个显而易见的结论：优秀的个体比战略和系统更重要。

这样的观点好像也被很多企业老板欣然接受，原因有两点：

（1）老板在企业管理中确实遇到了"优秀"人才和"劣质"人才在业绩结果上的反差，"先个体，后系统"的结论正好迎合了老板外部归因的想法，因为"个体"是外因，而"系统"需要老板推动搭建，是内因。

（2）很多企业老板不知道用人效果事实上很大程度上取决于自身系统和机制，也没有精力和心思花在系统和机制搭建上，因为这是一个需要持续改善且漫长积累的过程。

诚然，随着知识经济时代的到来，"个体"发挥价值的空间越来越大，对结果达成的影响也越来越显著。但是，管理从来都不是非黑即白的，需要我们抓住管理方法论背后的逻辑和本质，辩证地看待问题。

再来思考腾讯微信的成功，可能很多人会直接归因于张小龙这个优秀个体。事实上，他们忽略了问题的核心本质。马化腾说过："很多人只看到了微信的成功。其实在腾讯内部，先后有几个团队都在同时研发基于手机的通信软件，每个团队的设计理念和实现方式都不一样，最后微信受到了更多用户的青睐。在资源许可的前提下，即使有一两个团队同时研发一款产品也是可以接受的，只要你认为这个项目是你在战略上必须做的。容忍失败，允许适度浪费，鼓励内部竞争、内部试错，允许组织内创新。创意、研发其实不是创新的源头，允许自发创造的生态型组织才是，搭建这样的组织，创新就会源源不断涌出。从这个意义上讲，创新不是原因，而是结果；创新不是源头，而是产物。企业要做的，是创造生态型组织，让现实和未来的土壤、生态充满可能性、多样性。"

由此，我们可以看到，一定是先有了腾讯要做移动社交软件的战略，才有了后来的团队组建、研发和产品发布；另外，正是因为腾讯搭建了激发创造的生态型组织，鼓励内部创新与竞争，才有了"微信"从多个团队竞争中脱颖而出。

因此，成长期企业家应该深入思考以下这些问题。

- 到底是优秀的张小龙带来了微信，还是腾讯的生态型组织机制推动了微信的诞生？
- 阿里巴巴的持续成功，是因为"阿里十八罗汉"，还是因为他们创建的组织系统与机制？
- 华为的持续成功，是归因于任正非，还是归因于他不断搭建、完善的"以客户为中心""以奋斗者为本"的系统机制？

正如人与环境的相互作用造就了人类社会，企业的成功也是个体与系统的互相成就，无法进行先后轻重的区分。

企业在初创期时的核心团队筛选或者风投选人，确实要先关注"人"，不仅要关注"人"所拥有的客户资源或人脉关系，更主要的是要关注他们是否具备能迅速让组织高效运转的工作能力，也就是系统和机制建设能力。优秀个体可以为企业带来短期的业务突破，而通过建设有效的系统机制，引导和激发出优秀人才的创造力，企业才能生生不息，长久不衰。

不同场景下"个体"与"系统"的相互成就

既然"个体"与"系统"之间是一对矛盾和需要平衡的辩证关系，

实践中如何基于不同的管理场景选择侧重点，并且有效发挥个体或系统的价值呢？

基于价值创造三元素构建不同场景

首先，既然要谈不同场景，我们就要从企业发展阶段和岗位类型两个方面来进行分类：

（1）企业发展阶段。企业发展阶段主要分为**创业、成长、成熟和衰退四个阶段**。

（2）岗位类型。从岗位层级来看，可以分为**基层执行岗和中高层管理岗**；从岗位性质来看，可以分为**前台业务岗、中后台职能岗和技术创新岗**。

其次，要澄清一个虽然简单易懂但很多企业家可能没想清楚的思考逻辑：企业想要的是有效的结果产出，而结果产出是受员工过程行为所影响的，员工的过程行为又是人本身这个元素所产生的。也就是说，**人是重要的输入，行为是过程，结果是输出**。我们把这三个点称为价值创造三元素（见图5-2）。

图 5-2　价值创造三元素

所有管理动作的目的，都是希望沿着"人（输入）—行为（过程）—结果（输出）"的路线，达成企业想要的结果。那么，不同场景下，应该把管理聚焦点放在哪个元素上呢？

- 场景一：如果过程行为难以标准化、产出结果难以量化，我们只能依赖激发人的内在动机，个人积极投入精力或增强能力，获得想要的结果。
- 场景二：如果过程行为可以标准化，但产出结果难以定量评估，我们可以通过控制过程，获得想要的结果。
- 场景三：如果产出结果可明确衡量，我们则可以基于业绩进行激励，获得想要的结果。

因此，三种不同的应用场景，可以对应不同的管理聚焦点：**通过激发内在动机管理个人，通过控制过程管理行为，通过激励奖惩管理结果（见表 5-1）**。

表 5-1 价值创造三元素的场景应用分析（1）

管理聚焦点	人（输入）	行为（过程）	结果（输出）
应用场景	【场景一】 过程行为难以标准化 产出结果难以量化	【场景二】 过程行为可以标准化 产出结果难以定量评估	【场景三】 产出结果可明确衡量
管理动作	激发动机	控制过程	激励结果

结合不同的场景、企业发展阶段、岗位性质和岗位层级，我们来看管理聚焦点如何匹配对应。

1. 企业发展阶段

（1）创业期和转型期的企业，类似场景一。这个时期要实现的结果有较强的不确定性，也难以准确衡量，能否成功更多依赖于人的内在动机、投入度和创新探索。

（2）成长期的企业，更像场景二。有明确的过程路径，但结果可能还存在一定的波动性。

（3）成熟期的企业，要达成的结果相对稳定和可预期，因此更符合场景三。

2. 岗位性质和岗位层级

（1）从岗位性质看，很明显，技术创新类岗位对应场景一，中后台职能类岗位对应场景二，而前台业务类岗位对应场景三。

（2）从岗位层级看，基层执行岗位更多的是部分的过程控制加直接的结果导向，中高层管理岗位更偏向于对"人"这个输入因素的判断，以及部分的过程管控（见表 5-2）。

表 5-2 价值创造三元素的场景应用分析（2）

管理聚焦点	人（输入）	行为（过程）	结果（输出）
应用场景	【场景一】 行为过程难以标准化 产出结果难以量化	【场景二】 行为过程可以标准化 产出结果难以定量评估	【场景三】 产出结果可明确衡量
管理动作	激发动机	控制过程	激励结果
企业发展阶段	创业/转型期	成长期	成熟期
岗位性质	技术创新岗	中后台职能岗	前台业务岗
岗位层级	中高层管理岗		基层执行岗

有了思考框架，企业家该如何做

企业"一刀切"的现象很普遍。比如，人才培养方式一刀切，绩效考核方式一刀切，薪酬结构一刀切，客户拜访与维护方式一刀切，等等。"一刀切"表面上简单高效，实则效率不高，效果不佳。

因此，我们着重强调管理机制搭建的核心原则——合理差异。上文的价值创造三元素场景应用分析，就是告诉企业家如何针对不同场景，采用差异化的管理机制（见表 5-3）。

- 场景一，通过激发内在动机管理个人，重点应该放在建立人才标准、选聘和淘汰、人才盘点、中长期激励等机制来保证有合适的人。
- 场景二，通过控制过程管理行为，重点放在建立标准操作流程（SOP）的梳理、内部知识和最佳实践沉淀、综合性的绩效考核指标制定等机制，来指导和规范员工行为。
- 场景三，更适合通过激励管理结果，重点放在建立和优化有效的激励机制，通过各种激励资源，刺激和引导员工产出企业想要的结果。

表 5-3 价值创造三元素的场景应用分析（3）

管理聚焦点	人（输入）	行为（过程）	结果（输出）
应用场景	【场景一】 行为过程难以标准化 产出结果难以量化	【场景二】 行为过程可以标准化 产出结果难以定量评估	【场景三】 产出结果可明确衡量
管理动作	激发动机	控制过程	激励结果
企业发展阶段	创业/转型期	成长期	成熟期
岗位性质	技术创新岗	中后台职能岗	前台业务岗
岗位层级	中高层管理岗		基层执行岗
管理机制与工具	选聘和淘汰 中长期激励 激发内在动机	SOP 综合绩效目标	激励结果 刺激产出
人与机制	合适的人驱动机制的建立		有效的机制引导和激发人

关于如何兼顾发挥"优秀个体"与"系统机制"的不同价值的问题，我们可以给出这样的结论：**根据不同的场景，有的时候通过优秀的个体驱动建立系统机制，有的时候通过有效的系统机制引导和激发个体产出，实现"个体"与"机制"相互成就。**

四大系统和机制牵引个体行为

吉姆·柯林斯在《基业长青》一书中写道："高瞻远瞩的公司通常都致力于造钟而不是报时。它们虽然也重视机会、产品、市场和公司成长，但它们更注重致力于建立一个组织，一个会滴答走动的时钟，一个致力于长远的组织机制和特质。"

对于企业来说，造钟与报时的区别就是依赖系统机制还是依赖优秀个体的区别。相比于优秀个体，系统机制具有确定的逻辑，在不确定的市场环境中，更能推动企业的可持续发展。

用管理逻辑的确定性应对内外部环境的不确定性

企业经营管理中充满了不确定性。在经营方面，企业面临的社会经济环境是不确定的，业务拓展是不确定的，客户对产品服务的需求是不确定的；在管理方面，最大的不确定性是人，人的内心想法、投入状态、内在动机都是不确定的。

面对如此之多的不确定因素，我们唯一能做的就是：**用管理逻辑的确定性应对内外部环境的不确定性**。组织系统和机制，带来的就是一种相对的确定性和可持续性。例如，针对外部宏观环境的不确定性，我们有定期的市场信息收集并洞察分析的方法与机制；针对业务拓展结果的不确定性，我们有具体的目标拆解和基于销售漏斗的一系列策略打法；针对客户对产品服务的需求的不确定性，我们有从客户需求到产品开发的端到端流程；针对人的不确定性，我们有完善的组织、人才、激励、文化等管理体系来引导、激励和约束，等等。

我们要做的，就是打造一个确定性的组织系统与机制，让企业管理变得有章法，让企业基业长青。

从四个方面搭建组织系统与机制

既然组织系统和机制的搭建很重要，那么，有哪些系统和机制需要重点搭建？从影响员工行为的角度来看，组织最需要搭建的关键系统和机制包括以下四个方面。

1. 关于职责权限的系统和机制

职责权限用于清晰界定每个员工的工作责任与权利，这是员工行为的前提。员工需要知道"组织要我做什么、我有什么权限"。

以下"纹丝不动的炮兵"的故事，正是组织中关于职责权限需要不断优化迭代的典型例子。

19世纪末，法国一位年轻的炮兵军官被分配到司令部。有一次，该军官到下属部队视察，发现部队操练时有一个共同的情况：在操练中，总有一个士兵自始至终站在大炮的炮筒旁边，纹丝不动。

这位军官很是奇怪，却被告知操练条例就是这样规定的。

视察结束后，军官去查询操练条例的来龙去脉。原来，在马拉大炮时代，条例规定士兵站在炮筒旁，负责拉住马的缰绳，防止大炮发射后因后坐力产生的距离偏差，减少再次瞄准的时间。

现在，已不是马拉大炮时代了，但条例没有及时调整，这就出现了"不拉马的士兵"。因为这个发现，年轻的炮兵军官受到了法国国防部的表彰。

"不拉马的士兵"，源于缺少对职责权限的梳理。现代企业管理，也需要及时澄清和修订职责权限，指明"工作应该做什么"，避免再出现"不拉马的士兵"，从而使组织运转更高效。

2. 关于目标成果的系统和机制

目标成果用于清晰界定工作责任目标及产出标准。员工需要知道"我要对什么目标负责，产出什么样的结果"。

小和尚"做一天和尚撞一天钟"的故事，正是组织中关于目标成果界定不清晰的典型例子。

有一个小和尚负责每天撞钟。几个月下来，他无聊至极，真正体会到什么叫"做一天和尚撞一天钟"。

老住持对小和尚的撞钟很不满意，决定调他到后院劈柴挑水，理由是他不能胜任撞钟一职。

小和尚很不服气："我撞的钟，难道不准时、不响亮？"

老住持耐心地告诉他："你撞的钟很准时，也很响亮，但钟声空泛、疲软，没有感召力。钟声要唤醒沉迷的众生，不仅要洪亮，而且要圆润、浑厚、深沉、悠远。"

这个老住持有一个典型的管理问题——没有事前告知小和尚工作标准。如果在小和尚刚开始负责撞钟的时候，老住持就告诉小和尚撞钟的标准要求和重要性，那小和尚也不会因上级不满意而被调职。

3. 关于流程制度的系统和机制

流程制度用于明确员工做事的顺序、规范和标准。员工需要知道"我应该如何做才更好"。

流程制度包含了制度、流程、表单和岗位指引四种类型。

- 制度：描述规定、规则、标准为主的静态要求。
- 流程：描述各工作任务之间的关系和顺序为主的动态过程。
- 表单：描述比较简单的工作任务之间的关系和顺序。
- 岗位指引：描述某岗位具体操作指南、技巧、工作检查表（Checklist）。

虽然流程制度的完善是必要的，但是也要注意避免过度复杂，影响效率。关于这四种类型的流程制度，我们建议的选择顺序和原则是：能用表单和岗位指引的，就不用流程；能用流程的，就不用制度。

4. 关于激励奖惩的系统和机制

激励奖惩用于明确事情做完后的回报反馈。员工需要知道"做好做坏,对我有什么影响"。

"犯人船"的故事,是历史上关于奖惩制度建设的著名例子。

18世纪末,英国政府决定把犯了罪的英国人统统发配到澳大利亚去。运送犯人的工作承包给了一些私人船主,英国政府以上船的犯人数支付船主费用。

当时,运送犯人的船只多是由破旧的货船改装的,条件十分简陋。船主为了牟取暴利,上船前尽可能多装犯人,一旦按人数拿到了钱,就对这些犯人的死活不管不问。3年间,从英国运往澳大利亚的犯人在船上的死亡率高达12%。有一艘船上的424个犯人竟然死了158个,死亡率达37%。英国政府遭受了巨大的经济和人力资源损失,英国民众对此也极为不满。

于是英国政府开始想办法改善这种状况。最初,他们在每艘船上都配了一名监督官、一名医生,并对犯人的生活标准做了硬性规定。死亡率不仅没降下来,连有的监督官和医生也不明不白地死在船上。原来,一些船主因为贪利而行贿官员,官员如果拒不顺从,就被扔进大海。政府又尝试采取教育官员、严厉惩罚贪婪的船主等措施,但情况依然没有好转,犯人死亡率依然居高不下。

后来,一位英国议员提议,以到澳大利亚上岸的人数为准,给船主计算报酬。难题迎刃而解,犯人死亡率一下子降到了1%以下。有些船只,经过几个月的航行,死亡率为零。

原来的制度的缺陷在于政府以上船人数来计算船主的报酬。私人船主为谋取最大利益,先多装人而后不顾犯人的死活。新制度以到岸人数支付报酬，看起来只是一个小小的变化，却促使船主关注犯人的存活率。这就是制度的反馈回报可以牵引和引导相关人的行为。

■ 本章小结

1. 警惕和避免优秀个体带来的"优势陷阱"。要通过优秀个体，将经验、能力和知识沉淀下来，变成组织的一套系统和机制，支撑企业可持续高质量发展。
2. 组织需要把握优秀个体与系统机制的辩证平衡。在不同的场景下，有的时候通过优秀的个体驱动建立系统机制，有的时候通过有效的系统机制引导和激发个体产出。
3. 企业家和管理者要做"造钟人"而不是"报时者"。要从职责权限、目标成果、流程制度、激励奖惩四大方面搭建系统和机制，实现对员工行为的有效指引。

■ 企业家诊断与思考的问题

1. 我们目前日常的管理重点，是聚焦在团队中个体层面，还是组织系统层面？
2. 我们公司有哪些"优秀个体"？他们有多少精力在做业务突破？他们正在多大程度上，将自己的经验、能力和知识沉淀为组织的系统和机制？
3. 参考价值创造三元素场景分析框架，我们是否有根据不同阶段业务、不同岗位的特点设计清晰的、差异化的管理机制和方式？
4. 我们现行的岗位职责、流程制度、管理规则是否清晰？员工是否充分知晓和理解？与企业当前的业务目标和管理需求的匹配程度如何？

■ **延展阅读**

《**基业长青：企业永续经营的准则**》，作者吉姆·柯林斯和杰里·波勒斯。该书选取了18家卓越非凡的企业进行研究。通过对这18家公司在企业战略、组织、流程、企业文化以及企业接班人培养等方面的深入分析，为读者呈现了大公司的深层次和多切面，以及可供借鉴的先进管理思维。同时，也从不同方面演绎了世界著名企业长盛不衰的发展史。

CHAPTER 6

第 6 章

组织设计

平衡"整合"与"分化"的力量

曾任阿里巴巴董事会主席的张勇说过，作为企业一号位，不可推卸的责任是两件事：第一，要做什么业务，要服务什么客户，要为他们提供什么服务，这个总结为商业设计，可以解决生产力的问题；第二，组织设计，是企业一号位不可推卸的责任，这解决内部生产关系的问题。

任何商业设计的创新，一定是先从 0 到 0.5，从 0 到 1。如果要实现持续发展，实现从 1 到 100，必须进行组织设计。

需要澄清一下，"组织设计"与"组织结构设计"是不同的概念。"组织设计"的含义更广泛，既包含"组织结构设计"，也包括一系列的职责流程、绩效激励、人才管理等机制。组织结构设计是狭义的组织设计，是组织设计重要的外显成果。

本章内容更多地聚焦"组织结构设计",但由于其本质逻辑是"组织设计",为便于理解,我们统一用"组织设计"一词展开介绍。

希望本章内容能够帮助你思考以下问题。

(1)设计组织时,怎么理解"整合"与"分化"这一对关键词?

(2)借助什么样的思维框架,来分析和指导设计企业的组织结构?

(3)设计组织时,如何兼顾横向专业上的"分"与"合",以及纵向权力上的"放"与"收"?

组织设计的核心与逻辑

"整合"与"分化"

所谓"天下大势,分久必合,合久必分",其实,组织设计的核心就是"整合"与"分化"。

怎么理解"整合"与"分化"的区别?

- "整合",偏向规范性和一致性;"分化",侧重自主性和差异性。
- "整合",实现资源共享和能力沉淀;"分化",便于灵活定制和快速反应。
- "整合",就像是集团军,强调多兵种协同;"分化",就像是特种兵,更多是单兵种作战。

组织设计应该如何考虑"整合"与"分化"?

任何一个组织,都应该合理地平衡"整合"与"分化"这两股力量。完全分化的组织最终必然走向解体,完全整合的组织最终必然走向僵化官僚。根据不同发展阶段和对主次矛盾的思考,我们应当不断调整"合"与"分"的力量权重。

比如，企业在创业期及成长期时，前端业务可以更多强调"分化"，通过业务端的快速裂变和自主发展的活力，推动业务高速增长；到了成长期的中后期以及成熟期或者转型期的时候，就需要适当提升"整合"的权重，确保业务单位是在整体战略方向和赛道中行进的，提升业务单位间的资源共享和协同，提升整体组织对业务单位的黏性和价值。

再如，对于成熟稳定的业务，需要"整合"的力量提高效率；而对于新孵化探索的业务，则更需要"分化"的力量来激发创新的活力。

"组织设计"一词，恰恰说明企业组织的构建，是寻求"整合"与"分化"辩证平衡的艺术。

组织设计的三大因素

看企业的运营管理，部门、岗位、工序的设置大多与业务流程的上下游相关，相互之间是横向平行的，所以我们称之为"横向专业"；职责权限的设置与管理的层级相关，表现为纵向的高层、中层、基层，我们称之为"纵向权力"。

在设计组织架构的时候，对于横向专业的"分工"与"合工"、纵向权力的"收权"与"放权"两方面，我们需要基于一定的方法逻辑，推演和探寻企业组织的最佳动态平衡。

企业应该如何科学有效地设计和调整组织结构呢？组织设计是一个非常权变的过程，我们总结了影响组织设计的三大关键影响因素（见图6-1），分别是**流程与功能、效率与能力、战略与客户**。

为帮助读者更充分地理解，下面我们将每节介绍一个影响因素，并对

图6-1　组织设计的三大关键影响因素

应展现一个真实咨询案例，以呈现影响因素在实际场景中的应用。

组织设计因素 1：流程与功能

企业组织，是通过一系列任务的完成来实现特定的目标的。对组织结构最直接的影响因素，就是这些任务所构成的核心业务流程和关键支撑功能是怎样运转的。核心业务流程，就是直接创造和传递客户价值的流程。关键支撑功能，通常是为组织提供规划和方向、规范和标准、资源和服务。关键支撑功能的存在，是为了让核心业务流程朝着正确的方向更高效地运转。

核心业务流程

核心业务流程，可以分为三类：客户类流程、市场类流程和产出类流程。

（1）客户类流程的定位是，企业与客户直接接触的第一窗口，为企业直接带来营收或潜在营收机会，比如，很多行业的销售流程、线下门店的导购流程、电商行业的客服流程等。

（2）市场类流程的定位是，为客户类流程的相关岗位带来充足而精准的流量和商机，同时承担"客户声音代言人"的角色，通过与客户的双向互动，深入洞察和研究客户，向组织内部传递客户声音，对组织外部客户更精准有效地传递价值，比如，很多行业的品牌、市场、营销、推广、售后服务等流程。

（3）产出类流程的定位是，供应和交付高品质的产品/服务，包括原材料采购、生产制造、软件开发、服务交付、物流运输等。

关键支撑功能

关键支撑功能，也可以分为三类，分别是规划类功能、标准类功能和服务类功能。

（1）规划类功能的定位是，为组织的发展提供中长期的方向和规划，包括战略规划、产品规划、技术研发等。

（2）标准类功能的定位是，通过制定相关标准和规范，有效控制业务流程运转过程中的品质、效率和风险，比如品质管控、人力资源管理、财务管理、行政管理、安全管理、审计监督等。

（3）服务类功能的定位是，纯粹的服务与支持，为业务流程的运转提供资源保障和支持，比如，财务核算和出纳收支、人事基础事务办理、办公自动化、后勤保障等。

很多企业职能部门事实上同时承担了三类不同的功能定位，既有规划类功能，也有标准类功能，还有服务类功能。

以企业人力资源部门职能为例，它涉及组织设计、人力资源规划等偏向于规划类功能，这些影响着企业的中长期战略达成；也涉及绩效管理体系、薪酬激励体系、关键人才管理等，这些更偏向于标准类功能；还涉及具体的人员入离转退、工资发放等基础事务的服务类功能。

这也就是很多企业老板对 HR 部门工作不满意或不理解的根本原因，老板和 HR 主管对当下人力资源工作重点应该履行哪部分的功能的理解是不一致的。所以很多时候出现这样的偏差：老板期待 HR 部门发挥规划类和标准类的功能，而 HR 部门陷于服务类功能的完善和保障，自认为做了很多事情，却与老板的期待错位，难以得到老板的认可。

业务结构图

业务结构图（见表 6-1）可以用来帮助企业分析这三类流程、三类功能的实际应用和设置情况，适用于所有的行业。有了这个思考框架，我们可以在理解企业业务运作逻辑的基础上，把相关的流程和功能及其价值定位一一罗列出来，然后再检查和思考如何设计或调整组织结构，才能更好地让业务高效运转、让功能充分发挥。

表 6-1　业务结构图

流程与功能		价值定位	代表性部门/岗位
核心业务流程（直接创造和传递客户价值）	客户类流程	与客户直接接触，为企业直接带来营收或营收可能性	很多行业的销售、电商行业的客服、线下门店的导购等
	市场类流程	为客户类流程的相关岗位带来充足而精准的流量和商机，同时承担"客户声音代言人"的角色	很多行业的品牌、市场、营销、推广等
	产出类流程	供应和交付高品质的产品/服务	原材料采购、产品/服务的开发、生产制造、物流运输等
关键支撑功能（为组织提供规划和方向、规范和标准、资源和服务）	规划类功能	为组织的发展提供中长期的方向和规划	战略规划、产品规划、技术研发等
	标准类功能	为组织的发展提供标准与规范	品控、审计、法务等
	服务类功能	为组织的发展提供服务与支持	后勤等
			人力资源、财务、IT等

下面，我们通过一个完整的案例来展示，一家在线教育企业是如何借助业务结构图的整体框架进行组织设计与优化的。

■ 案　例

○ **案例背景**

H 公司是一家在线教育培训公司，公司与外部培训讲师合作，为外部讲师提供线上课程的招生、运营、教学服务、学员管理等工作，双方共同分享课程收益。外部合作讲师是公司的直接客户。

公司自成立之后五年时间，业务发展一路高歌猛进，拓展了很多讲师资源，也开发了很多线上课程。但近两年，公司整体业绩增长开始滞缓，合作讲师的黏性有所下滑，内部的沟通协作效率也不如以前。

○ **组织运行现状**

随着前五年业务快速增长和业务探索，H 公司的组织架构逐步发展成六位合伙人+三个事业部+财务/IT/HR 职能部门。最大的创始合伙人 A，担任公司总经理的角色；另一位创始合伙人 B，主要从事讲师开发与沟通工作，个体作战，没有带领部门；还有一位创始合伙人 C，主要负责 IT 和财务工作；另外三位合伙人 D、E、F，各自带领一个事业部，三大事业部负责不同形态的线上课程产品；合伙人 D 因为个人能力强，又同时监管 HR 部门工作。

○ **分析与诊断**

H 公司面临的核心问题是：**组织设计无序，业务结构不健全，业务交互"求之于人"**。我们以前文的业务结构图来分析 H 公司部门设置和效果现状，如表 6-2 所示。

表 6-2　H 公司现在的业务结构图

流程与功能		效果评价	对应部门及当前业绩表现
核心业务流程	客户类流程	不健全 客户满意度和黏性参差不齐	事业一部 部门负责人服务意识强，与客户的信任度和黏性高
			事业二部 客户满意度一般，有部分讲师与事业二部合作后流失
			事业三部 与事业二部经常因讲师的时间安排而相互干扰，甚至是争夺客户（讲师）资源
	市场类流程	不健全 客户开发职能被弱化，新讲师的资源拓展不够，导致公司业务增长放缓	无明确部门 合伙人 B 与讲师的链接和影响力较好，但由于是个体作战，市场资源拓展的速度和质量受限于合伙人 B 的个人能力和精力
	产出类流程	相对明确和完整 交付结果依赖各部门负责人的业务理解度和业务能力	事业一部 部门负责人擅长精细化管理，已成为公司业绩支柱部门
			事业二部 部门负责人侧重经营思维，拓展课程策划和运营职能，有一定的业绩结果
			事业三部 部门负责人探索与讲师的项目式合作，暂未取得市场成果

（续）

流程与功能		效果评价	对应部门及当前业绩表现
关键支撑功能	规划类功能	战略规划流程缺失	无明确部门，由几位合伙人随机沟通 无中长期战略规划，无达成共识的短期经营目标
		产品规划流程缺失 产品质量参差不齐，讲师资源的投入产出收益有限	无明确部门，由事业部依据各自对市场和客户的敏锐度，自主发展 • 事业一部，基于客户需求，规划延展服务产品，如助教团队托管等 • 事业二部，基于现有讲师资源，规划课程产品的创新，如探索设计大课产品和沙龙等，目前可以为公司带来现金流，同时也有客户或员工对产品质量提出质疑，认为是在消耗讲师资源 • 事业三部，尝试拓展B端合作产品，如与某企业、某网站合作办班等，目前尚处于孵化阶段，暂未有明确反馈
	标准类和服务类功能	标准类功能少，服务类功能较完整	人事行政部、财务部、IT部 以服务功能为主，为公司提供人事、行政、IT方面的保障支持

由表6-2可见，H公司的组织设计与运作中有两个特点：

（1）对"人"的依赖多。优秀个体（如创始合伙人B）和部门（如事业一部）宝贵的成长和成功经验，并没有沉淀为组织的业务流程或经验，经营发展效率低。

（2）随机生长，发展无规划。无论是公司发展，还是产品设计，合伙人团队各有想法，但没有形成达成共识的规划。三个业务部门各自发展，相互之间的定位和关系不清晰，业务流程上不仅各做各的，互不往来，甚至会内部争夺优秀讲师的时间，公司的投入产出收益低。

○ 组织设计与优化方案

根据对H公司现状及业务结构图的分析，本次组织设计原则为：**完善组织架构，定位部门价值，强化客户思维，整合部门贡献。**

首先，根据对业务结构的分析，针对核心业务流程及关键支撑功能中不健全的部分，优化完善组织架构，包括新设立客户开发部、市场部，组建虚拟的客户成功委员会、经营管理委员会和产品开发委员会。

其次，基于新的组织架构与部门设置，澄清部门价值定位（见表6-3）。

表 6-3　H 公司的业务结构图新设计方案

流程与功能	部门/机构	价值定位描述	价值贡献关键词
客户类流程	客户开发部	寻找和合作更多客户，为公司带来直接营收	卖得多，扩规模
	客户成功委员会	通过激发客户需求、提升客户满意度，达成当下业绩目标并持续增长	
市场类流程	市场部	通过检测市场环境，了解客户（讲师）和终端用户（学员）的期望，对应策划和实施相应行动，以提高公司的品牌知名度	桥梁
产出类流程	事业一部	通过持续的精益化管理，做强课程交付管理和讲师服务，保证客户的高满意度，达成利润目标	• 赚得多，挣利润 • 利润平台
	事业二部	通过做精课程的策划和全流程运营，不断拓展和丰富多样化的课程产品，满足终端用户（学员）的需求，达成营收和利润目标	
	事业三部	通过持续拓展课程项目，孵化有潜力的课程产品，为事业一部输送优质的课程资源，同时筛选价值观一致的有潜力的讲师，为事业二部输送有创新合作意愿的讲师资源	孵化平台
规划类功能	经营管理委员会	通过审议重大经营管理决策、协调统筹内外部资源等，推动公司系统的运转和改善	• 规划得好 • 弹药库
	产品开发委员会	结合市场和客户端反馈，不断规划和优化服务产品，对 H 公司未来的产能和利润提升负责	
标准类和服务类功能	人事行政部 财务部 IT 部	围绕人、财、质量、运营和技术（知识和 IT 系统），保障业务价值链运转，减少运营损耗	管得好

表 6-3 同时也清晰明了地体现了各部门/机构的客户服务关系。例如：

- 客户开发部和市场部是三个事业部的上游部门，也是后者的内部客户。
- 客户开发部、市场部和三个事业部门又是人事行政部、财务部和 IT 部的内部客户。
- 三个事业部门既各有重点突破项，又各有价值贡献点，服务对象清晰明确，由争夺资源转向合作开发，变内卷为共生。

由此，强化各部门和员工的客户导向思维，每个部门向上看，为上一层部门提供满意的客户服务。

组织设计因素 2：效率与能力

战略决定组织，组织决定结构性效率。企业的效率可以分为运营效率和决策效率。运营效率受横向专业的"分"与"合"影响，要平衡专业精深与协同产出之间的矛盾，体现在横向部门及岗位的设计上；决策效率受纵向权力的"收"与"放"影响，要平衡控制和创新之间的矛盾，在组织设计中体现在组织纵向管理层级和权限的设计上（见表 6-4）。

表 6-4 运营效率和决策效率

	运营效率	决策效率
影响因素	横向专业的"分"与"合"	纵向权力的"收"与"放"
矛盾平衡维度	专业精深与协同产出	控制与创新
设计产出	横向部门及岗位设置	纵向管理层级和权限

横向专业的"分"与"合"

横向专业的"分工"为企业带来更高的"单点效率"和"稳定控制"，涉及具体的岗位设计和岗位归类。企业根据工作职责的相似性、对人的知识技能要求的相似性、工作时间与地理位置的相似性等原则，将相关工作整合成一个岗位，再将相关岗位归集到一个部门/团队。这就是企业的横向专业分工，主要体现了以下三个优势。

（1）工作开展可以更专业、精细，然后熟能生巧、不断优化改进，从而提高作业效率。

（2）分工后同专业人员的知识、技能相似，便于人员培养和管理。

（3）专业分工使得员工无法掌控完整的价值产出链条，便于企业风险控制。

然而，任何事情有利必有弊，横向专业分工也会带来三个方面的潜在问题。

（1）专业人士只管自己的工作，忽略与其他专业的配合协同，造成跨部门协作不畅，甚至出现推诿扯皮现象，横向沟通协调成本大。

（2）专业人士只管自己的专业精进，不断为自己的专业争取更多的资源配置，对公司来讲，可能造成资源配置的浪费。

（3）专业人士只看到自己的专业成果产出，忽略企业整体对外的经营成果，缺乏经营意识。

横向专业的"合工"，是把"分工"之后的专业化活动整合成一项完整的工作，这给企业带来"横向线效率"，即运营效率。横向专业的"合"能够促进专业协同，解决"分"带来的协同困难、抢夺资源和忽视整体利益的问题。

因此，设计组织时需要权衡"分""合"两个方面。先考虑如何"合"，即如何完整地完成工作，再考虑如何"分"，即如何提升工作效率，做好"分"与"合"的平衡。

打个简单的比方，一道菜上桌，餐厅后厨要经历8个工序：买菜、择菜、洗菜、切菜、配菜、烧菜、装盘和装饰整理。每个工序都有自己要完成的工作，这就是横向专业"分工"。为最大化地发挥菜品的出品效率和质量，餐厅按照菜品制作流程，对上述工序进行专业化整合，设置采购员、清洗工、切配工、炉头、打荷五个岗位，每个岗位完成一两个步骤。通过这五个岗位上下游协同，菜品制作的流程效率和出品质量得到了兼顾。

纵向权力的"收"与"放"

除横向专业的"分"与"合"带来运营效率外，纵向权力线"收"与"放"会给组织带来决策效率。对各管理层级及其职责范围和权限的设计，决定了企业信息传递效率，以及从决策到执行的行动效率。

纵向权力的"放权"，能够为企业带来以下三个益处。

（1）有利于提高决策效率，快速反应、灵活应对内外部问题。

（2）有利于激发管理者工作动机与成就感。

（3）有利于鼓励创新。

同时，过度"放权"也会带来三个方面的潜在问题。

（1）给企业带来风险控制和一致性等方面的不确定性，比如管理者成为诸侯的风险、合规性的风险、品牌在客户端不一致的风险等。

（2）资源的重复配置和内部管理不平衡的问题。管理者会尽可能在自己管辖范围内配置更多的功能和资源，甚至在内部抢夺资源。同时，每个团队内部管理机制个性化程度很高，相互之间可能存在内部不公平。

（3）整体协同困难的问题。每个团队关注的是自己的权力和回报，当企业需要各板块协同成为一个整体的时候，就会很无力。

因此，从纵向权力的"放"引发的问题来看，组织设计还要考虑好"收"的控制。事实上，"放权"带来的利弊，和"收权"带来的利弊正好反过来对应。

纵向权力的"收权"与"放权"，并非一个绝对化的概念，而是一个连续统一体的两极，是关于"程度"的平衡，也是关于"哪些权要收""哪些权要放"的平衡。比如，采购收放权程度的平衡，体现在"多少金额以下的可以由本级管理者自主决定，多少金额以上的需要报上级管理者审批"；事业经营权限差异化的平衡，体现在"基本人员或事务的实施权由本级管理者自主决定，但涉及核心骨干人员管理、财务投融资、战略规划等需报上级管理者批准"等。

在岗人员能力是效率发挥的前提

在考虑运营效率和决策效率时，有个重要的现实影响因素绕不过去，那就是在岗人员的能力。当我们希望通过横向小组将几个专业岗位有效协同起来时，如果小组负责人的沟通协调能力不足，那么这样的组织结构很难落地运转。当想向下放权提升决策效率时，如果下级管理者业务能力或管理能力不够，则放权过多反而会带来决策质量的降低，影响经营业绩。

因此，企业家要结合实际的在岗人员能力，进行分类或分级管理。在提高运营效率或决策效率的同时，发展员工的业务能力或管理能力，实现业绩增长和员工发展的双赢。

以下通过一个完整的组织结构设计案例，来展示一家连锁培训机构如何优化组织结构，提升组织效率和能力。

■ 案　例

业务态势蓬勃，员工频繁离职为哪般

○ 案例背景

M公司是一家体适能培训连锁机构，经营六年，业绩稳定增长，已开设十几家门店。面对旺盛的市场需求，公司有意在三年内再开20家门店，跻身区域内一线品牌。出人意料的是，2018年公司频频发生员工离职现象，员工流失率超过130%，严重阻碍了既定的门店拓展计划。

○ 分析与诊断

员工工作"忙、盲、茫"，价值感欠缺，组织效率低下。

是什么让员工频繁出走？带着这个疑问，项目组走访调研了公司各级员工，诊断发现：**岗位分工不清晰、信息不畅通，导致各级员工工作"忙、盲、茫"，有苦劳却难出成果，组织效率低下。**

（1）"忙"：岗位分工不清晰，各级员工忙而无果。

M公司的门店业务岗位较多，分工不清晰，各岗位之间的重叠性较高。由于员工对自己的岗位职责不清晰，按照自己的理解开展工作，造成了他们都自以为是地忙着交付岗位职责，却忽略了对客户需求的关注，内外部客户对此均有不满，工作成果差。

以教练角色为例：门店设有主教、助教、拓客教练、兼职教练四种岗位，均有教学交付的职责。其中，主教和助教，被要求不得与家长直接沟通；拓客教练，在授课之外兼任地面推广和销售职责；兼职教练，只负责现场上课而不参加教研。门店人员对教练有不同的抱怨和不满。教练 Danny："（兼职教练）上课质量差，不能管好课堂纪律。"店长 Amanda："（拓客教练）地推不主动，销售业绩差。"客服 Liz："（教练）不与家长交流孩子的学习情况。"

与此同时，一线的课程交付质量和客户服务质量未得到保证，家长们频频投诉，甚至要求退费。一时间，家长和员工们对 M 公司教学产品的信心逐渐减退，公司业绩下滑明显。

（2）"盲"：内部信息沟通不畅，中基层员工盲中摸索，工作效率低。

M 公司未建立内部沟通渠道，很多管理信息不透明，各层级信息不对称，相关信息无法畅达至各级员工，大家好似在黑暗中摸索前进。这必然会造成横向上的工作冲突，影响工作效率。

店长 Joe 反馈："我的工作计划赶不上变化，总是有很多临时要处理或完成的事情冒出来。比如说，有位教练申请离职，公司教学部没有提前通知我。等我知道的时候，已是这位教练工作的最后一天了。考虑到家长的感受和学生的训练，我需要做一连串的紧急应对工作：安排客服与家长沟通、向教学部了解接班教练的情况、评估衔接风险，甚至还要参与抚慰家长、处理家长投诉。这些工作花费我和团队很多的时间和精力。"

（3）"茫"：公司意图和管理动作难以有效落实，一线店长感觉茫然，没有职业发展通道。

随着公司规模的快速扩张，公司总经理王总直管十几家门店，再加上总部经营管理、市场管理、教学管理、职能管理等工作，虽然他尽可能保证每周参加一次门店会议，但沟通重点多在公司政策的通知发布，以及门店突发事件的应急处理。同时，M 公司面临的市场环境和组织环境复杂度高于以往，以王总一人之力，已难以掌握和理解全部且真实的经营管理信息，也不能给予各门店及时、正确的决策意见。店长们只能凭着自己的业务直觉，做一些现场决策和管理。

这导致一线门店店长将自己的思考和决策局限于门店、局限于当前的短期目标，而对门店工作与公司发展之间的关联影响一片茫然，比如：

- 门店的决策和行动对公司会有什么影响？
- 公司今年的管理重点是什么？
- 门店需要做哪些重点突破或改善？
- 门店不该采取哪些行动？为什么？

门店店长们因各自的能力不同，对诸如此类问题的思考和回答也不同。这样的茫然，不仅减弱了一线门店店长对 M 公司的归属感，也给公司或门店带来了潜在的经营风险。

○ 对策措施

厘清业务价值链，增设区域管理权，提升工作效率。

鉴于 M 公司各级员工的"忙、盲、茫"，项目组提出对策建议：**清晰门店各岗位角色，以提升门店运营效率；增设区域管理权限，以实现组织决策效率提升与管理者职业发展双赢。**

（1）从门店运营管理角度，厘清业务价值链，清晰各岗位角色，提升门店运营效率。

门店的核心业务就是课程教学。因此，厘清课程教学主业务流程，是组织架构设计的第一步。

以一线业务运营的三个环节（触达成交—课程交付—服务和维护）为横轴，以四个角色（销售角色、教学角色、客服角色、行政角色）为纵轴，清晰罗列每个角色在各环节的实际工作内容，形成门店核心角色与课程教学业务流程分析图（见图 6-2）。

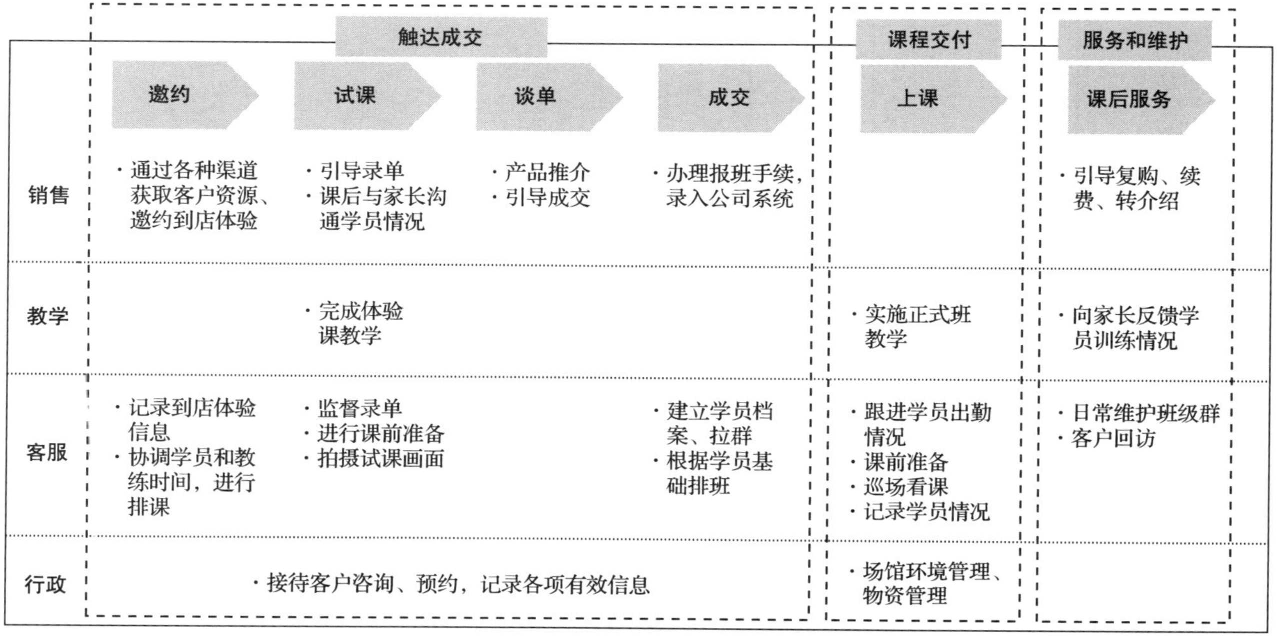

第6章 组织设计：平衡"整合"与"分化"的力量

	触达成交				课程交付	服务和维护
	邀约	试课	谈单	成交	上课	课后服务
销售	·通过各种渠道获取客户资源，邀约到店体验	·引导录单·课后与家长沟通学员情况	·产品推介·引导成交	·办理报班手续，录入公司系统		·引导复购、续费、转介绍
教学		·完成体验课教学			·实施正式班教学	·向家长反馈学员训练情况
客服	·记录到店体验信息·协调学员和教练时间，进行排课	·监督录单·进行课前准备·拍摄试课画面		·建立学员档案、拉群·根据学员基础排班	·跟进学员出勤情况·课前准备·巡场看课·记录学员情况	·日常维护班级群·客户回访
行政	·接待客户咨询、预约，记录各项有效信息				·场馆环境管理、物资管理	

图 6-2 M 公司业务流程分析图

以业务流程分析图为基础，明确各岗位主要角色责任，并且结合门店团队作战的经营特点以及岗位能力要求，设置各岗位的次要角色责任，以保证岗位分工灵活、岗位责任聚焦，使运营效率得以提升（见表6-5）。

表6-5 M公司门店岗位角色责任表

岗位	运营管理	销售角色	教学角色	客服角色	行政角色
店长	★	☆			
销售		★		☆	
主教练		☆	★		
助教			☆	★	
兼职教练			★		
学管				★	
前台				☆	★

注：★为岗位主要角色；☆为岗位次要角色。

（2）根据公司组织架构，划分区域管理，适当收放权，既提高决策效率，也提高管理者的成长价值感。

每3~5个门店划分为一个区域。在现有团队中选拔业绩好、能力强的店长，晋升为区域经理，逐渐形成"区域经理 - 店长"的人才梯队，也明晰了管理者的职业发展路径，提高管理者的成长价值感。M公司新设计的组织结构图如图6-3所示。

同时，赋予区域经理一定的决策权限，让有能力的管理者"在听得见炮火的地方做决策"。

- 高层放权：公司总经理释放一部分经营决策权限给区域经理，如本区域的财务数据的查阅权、市场推广决策权、员工选用育留权（不含店长）、少量的优惠放价权等，以便于区域经理在市场一线的运营中，快速反馈信息、快速反应决策，提高决策效率。
- 基层收权：收缩一部分店长权限，归由区域经理统一管理，如门店人员预算和财务预算的审核权、门店预算内支出审批权、门店会议的指导权、门店重大事件处理的指导权和审核权等，以提高公司与门店之间信息沟通的密度和速度，加强区域经理对门店的管理和指导，提升门店的经营管理能力和业绩能力。

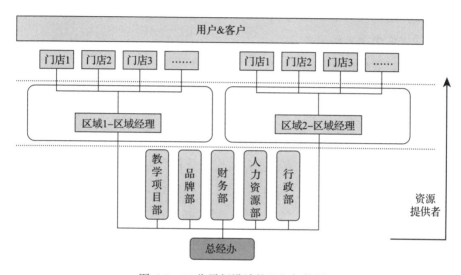

图 6-3　M 公司新设计的组织架构图

○ **案例应用效果**

M 公司很快将上述方案落地实施，内部提拔两位区域经理，每位管理 6~8 家门店，一线指导门店运营，培养新成长的管理者。2019 年，员工保留率大幅提升，各门店业绩明显增长，门店骨干成员和店长基本无流失，并且满足了 4 家新增门店的管理者人员需求。运营管理团队能力充裕，活力丰盈。

组织设计因素 3：战略与客户

组织之所以存在，是因为其对外部客户产生价值。这就是我们常说的：战略决定组织，更准确地说应该是战略和客户决定组织。

因此，在思考组织设计时，应先基于流程和功能因素审视组织结构中的部门设置框架，再基于效率与能力因素审视更细致的岗位架构以及权限设计，最后从战略与客户的角度检验和探索组织结构的最佳匹配项。

基于战略与客户因素对组织设计进行检验，我们提出了以下三个问题，促进你更深入地思考。

第一，我们的组织是否符合企业的使命和初心？

有家从事技术咨询的公司，初心是"让伙伴获得成长"和"为客户创造价值"，但公司成立发展五年的时间里，"伙伴成长"更多地依赖顾问自身的学习和领悟，"为客户创造价值"更多地依赖项目团队自身的经验和能力。在将两个初心结合业务结构表分析之后，CEO发现本公司当前在知识沉淀、产品研发、客户服务等与初心相关的重要功能方面有缺位，于是很快组建设立了"客户服务部"和"研究院"这两个部门。

第二，我们的组织是否符合客户及重要利益相关者的期望？

有家从事青少年篮球教育培训的公司，原先组织结构中的重心和所有人的关注焦点，都是当下的销售拓客和培训课程的交付。后来，公司围绕客户（家长）和用户（青少年学员）的需求做了一次深度调研，发现家长和学员对机构的期待更多，不仅仅是通过篮球训练达到锻炼身体的效果，更重要的是通过训练和比赛磨炼心性，增强团队合作的意识，以及对压力和失败的承受力等。基于此，公司决定大力强化"产品教研中心"的功能和人员配置，后期设计出了多样化产品，不仅有日常训练课程，还新研发了各等级的赛事、专业训练营、游学交流等。

第三，我们的组织是否与战略和业务发展规划相匹配？

企业在战略和业务面临升级或转型时，决定成功的关键是组织结构的调整以及配套管理机制的革新。

什么是战略和业务升级转型？常见的战略和业务升级转型场景包括：

（1）业务组合发生变化，比如从单产品拓展到多产品，从单业务拓展到多业务。这时候的组织设计需要考虑如何平衡产品/业务的独立性和协同性，也就是回顾和检查横向的"分工"和"合工"的设计。

（2）业务价值链发生变化，比如从贸易型向产品型的转型，从 OEM 代工向自主品牌转型。这个时候组织设计就需要重点考虑不同的价值链对应的业务结构有何区别，需要增加哪些功能和流程。

（3）客户定位发生变化，比如从 To B 业务向 To C 业务的转型，从聚焦大客户向拓展中小型客户的转型。这个时候就需要重点区分不同客户定位对功能和流程重要性的影响和需求变化。通常，To B 业务中的客户类流程和功能相对重要；而 To C 业务中，市场类流程和功能则更为关键。

（4）客户价值主张或核心竞争能力发生变化，比如从"价格取胜"向"追求品质、服务个性化"转型。这时需要重点区分不同客户价值主张定位对功能和流程重要性产生什么影响，有哪些需求变化等。

（5）商业模式发生变化，比如从"产品赚钱"向"产品引流+服务赚钱"的模式转型，从自营向平台转型。这时候需要基于业务结构图，重新梳理和澄清企业的三类核心业务流程和三类关键支撑功能。

以下展示一家母婴连锁公司面临战略和业务转型时，进行组织设计与优化的案例。

■ 案　例

○ **案例背景**

Y 公司是一家母婴连锁公司，经过十几年的经营，在当地有一定品牌影响力，经营范围拓展到了周边市区，经营项目除母婴用品销售外还开拓了母婴相关服务。近几年公司虽在销售规模上有一定的发展，但利润总额增长越发缓慢，个别门店甚至出现了亏损现象。同时，竞争对手虽然在品牌知名度上不如 Y 公司，但因为营销或服务更好等原因抢走了不少客户。

○ **客户需求变化分析**

早期母婴行业的客户消费需求主要为奶粉、尿不湿等母婴必需品。伴随着中国新家庭消费能力升级以及各种电商购物软件和育儿软件普及，客户自身育儿的专业性得到了提高，消费理念也在升级，消费需求从商品拓展到服务类的项目，如婴幼儿泳疗、儿童推拿、儿童理发以及产后修复等。这就需要门店员工把商品、技师服务及专业知识进行组合，形成专业的解决方案，实时响应客户心中关注或纠结的问题。比如，宝宝消化不好，店员可以给客户推荐儿推、调整奶粉使用方法和调整宝妈的饮食等一整套解决方案。Y公司要为客户提供更专业的解决方案，而不再只是销售产品，这是客户需求的升级。

○ **商业模式变化分析**

原先母婴行业竞争并不激烈，商品的利润率也高，只要店址选得好，门店利润就会比较可观。近些年虽然母婴市场容量快速增长，但是越来越多的头部企业和中小企业进入市场，行业竞争越来越激烈；同时伴随着电商迅猛发展，产品价格变得愈加透明。Y公司商品销售的毛利逐年下降，部分大通货（如品牌奶粉、尿不湿等）基本上是赔钱赚吆喝。总部曾做过客户数据分析，服务项目的客户仅占门店商品销售客户群体的5%，而且公司的优质客户在商品销售和服务项目上的交叉渗透率并不高。目前服务项目虽然仅占销售额的20%，却获得了公司总利润的65%，公司的盈利点不再是商品销售，而是服务项目。低利润或微利润的商品销售为高利润的服务项目引流，公司的商业模式也发生了变化。

○ **组织设计诊断与对策**

1. "合工"建立横向协同

在咨询团队进驻前，Y公司对门店采取总部业务条线直线管理的模式，门店店长的管理范围仅限于商品导购和收银员，服务项目人员则由总部直接管理，商品和各服务项目的员工处于"各人自扫门前雪"的状态，对客户服务的范围也仅限于本职领域，各体系之间完全割裂，员工无交流、客户不连通。图6-4呈现了Y公司原有的横向协同关系。

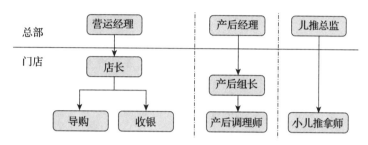

图6-4　Y公司原有的横向协同关系

组织设计调整重点之一是在门店层面建立"合工"的逻辑，刷新店长和店员的角色定位。

将门店作为前端经营单元，打通各业务条线，让商品销售为服务项目引流，提高门店整体的利润。门店首先要建立客户资源共享池，从而能够分析为什么产后的VIP客户每年能在门店消费2万元，却没有购买任何商品销售区域的东西，以及她的宝宝是不是需要儿童推拿保健服务等问题。而能够建立门店客户资源池，掌握门店客户资源全局，驱动客户资源在商品销售和服务项目之间相互导流的，只能也只有店长这个角色了。赋予店长销售统筹的职责，统筹管理门店商品和服务项目各产品线，结合相关的工具深挖潜在的VIP客户资源，带领店员将具备消费潜力的商品客户导入服务项目中。与此同时，店员的定位不再是某条产品线的销售或服务人员，而更新为"提供全面解决方案的客户服务顾问"。由此，门店运营从原先的各业务条线完全割裂，调整为各业务条线资源共享、相互协同的组织模式，这是满足客户需求、实现门店整体盈利提升的组织基础。

2. 给店长放权，"责权一致"

原先，店长对店员管理的考核权限很小（导购考核工资200元/月，上下浮动最多10%，即20元的变化），店长既没有胡萝卜也没有大棒，缺乏建立权威的机会和场景，门店中没人愿意做的事情往往只能店长自己去做，店长沦为高级打杂。

同时在业务权限方面，门店商品类别、库存量、商品价格等是由总部统一管理的，而总部对门店的管理并不是以客户需求为导向，而是以供应商优惠为导向的。当店员遇到产品质量等问题时，只能通过店长向总部管理人员争取资源，店长在特殊情况下、客户有特殊需求时基本没有处理权限，相当于人工传话筒，问题由总部管理人员远程解决，客户体验较差。

因此，组织设计变革的第二个重点，是给一线门店放权。

店长的定位是门店解决客户相关问题的第一责任人，需要统筹管理门店商品和服务项目，对门店经营业绩、各项目交叉渗透率等关键绩效指标负责。责任和权利需要相匹配，因此总部需要给店长一定程度的放权。在人员管理方面，给店长一定的考核和激励的权限；在业务与客户服务方面，开放客户和产品相关的数据及分析工具使用权限，给店长一定程度的业务决策权。比如，店长可以通过门店周边客户人群画像分析，决定销售的商品类别；在总部商品价格指导线及促销活动方案的基础上，店长可以结合门店周边竞争情况，决定商品近期销售价格及主推的活动方案；店长可以根据总部相关客户管理规定，直接处理客户问题等。责权匹配，不仅让店长的操作灵活度和积极性都大大提升，同时高效率的决策也提升了客户的直接体验。

3. 强化总部的统筹和规划能力

（1）统筹市场类流程。原先市场类流程分散在各个业务条线。比如，商品部举办营销活动，门店商品销售人气很高，但对于服务项目，并没有因为门店商品销售做活动而增加服务项目的咨询接待量。战略转型后的市场类流程在总部层面加强统筹，新组建的市场部将不同种类的商品和服务打包，开发满足不同客户类型的产品组合，方便一线员工在营销活动中，根据客户类型为客户提供产品和服务解决方案，同时也提高门店客户在商品和服务之间的交叉渗透率。

（2）强化总部的规划类功能和标准类功能。把能发生规模效应的职能放在总部，定位调整为资源供给中心，强规划而弱管控。如项目服务部帮助一线员工提升顾问式的专业服务能力，定期组织一线全体员工进行专业知识、专业技能的培训与考核。运营部及项目服务部结合各区域人群画像特点，整体规划各门店的定位及服务项目种类。商品部统筹规划商品价格的指导线，在保证部分商品利润底线时也让门店拥有一定的灵活经营的权限。客服部总结并制定客户问题处理的规范，让店员解决客户问题时有规则可以依照；同时优化会员权益体系，让门店可以不断拓展客户资源池及引导客户复购。采购部统筹管理商品采购，从以供应商的促销需求为导向转向以客户需求为导向，不断丰富和拓展门店产品类别等。

■ 本章小结

1. 组织设计的核心是如何平衡"整合"与"分化"的力量。组织设计的三大影响因素是流程与功能、效率与能力、战略与客户。
2. 组织是通过一系列任务的完成来实现特定目标的。对组织结构最直接的影响因素，就是这些任务所构成的流程和功能是怎样运转的。
3. 业务结构图可以清晰呈现组织的核心业务流程以及关键支撑功能，便于检查和检验企业的流程和功能是否完善，确定各部门应发挥的价值。
4. 横向专业的"分工"与"合工"，影响组织的运营效率，体现在部门及岗位的设置上；纵向权力的"收权"与"放权"，影响组织上下信息传递与决策的效率，体现在管理层级和权限设计上。

5. 当企业的战略规划、外部客户价值需求发生变化时，需要重新思考和检验组织设计是否能支撑和匹配企业转型。

■ **企业家诊断与思考的问题**

1. 我们企业的核心业务流程和关键支撑功能有哪些？目前这些流程和功能有哪些未有效履行？我们在组织结构层面应该如何调整？
2. 目前组织结构的设计，从横向分工协作的运营效率和纵向权力收放的决策效率两方面来看，应该如何优化才能让效率更高？
3. 从我们的战略定位与客户价值出发，组织结构应该如何调整优化？

■ **延展阅读**

1. 《组织的逻辑》，作者丛龙峰。该书通过一套尽可能通俗的概念体系，阐释了企业中组织管理、组织结构、管理机制、组织机能、组织形态和企业家领导力的内在关系，并给出管理办法，对理解和实践组织管理有很强的指引作用。
2. 《系统思维：复杂商业系统的设计之道》，作者贾姆希德·格哈拉杰达基。作者具有丰富的组织项目咨询经验，在罗素·艾可夫"交互设计"思维的基础上，迭代形成社会文化系统、整体思维、运筹思维和设计思维四个原则，形成全面的组织设计的系统方法论。该书专业性较强，推荐对组织发展、组织系统动力有兴趣的读者延伸阅读。
3. 《卓有成效的组织》，作者亨利·明茨伯格。这是这位管理大师的得意之作，研究"如何设计一个有效的组织"。拆分任务、协调整合、有目的地选择各种设计参数等，以实现组织内部的一致与和谐，并使之与组织所处的情景相符，包括组织的规模、历史、经营环境、使用的技术体系。该书专业性强，适合读者严谨仔细地精读。

PART 4

第 4 篇

点兵将

管理革新五力模型之生命力

CHAPTER 7

第 7 章

人才管理

"事"为先,"人"为重

唐代杰出的纵横家赵蕤在《反经》中说道:"得人则兴,失人则毁",强调得到有贤德之人才国家就能兴盛,否则就会失败。当今时代,人才对于企业的价值越来越高,合适的人才甚至成为业务持续成功的"支点"、实现业务突破的"拐点"。优秀的人才队伍如人体奔涌循环的血液,构成企业的生命力。

但与对人才的渴求形成鲜明对比的是,成长期企业在人才任用、人才配置、人才招聘、人才培养等方面的实践正面临巨大挑战。常见的四大人才困境如下。

- 困境一:因人排事。

- 困境二：配置不当。
- 困境三：招选不准。
- 困境四：梯队缺失。

这些困境的背后，其实是业务从自然随性增长转变为持续高质量发展，人才管理要从"因人排事"的随机管理转变为"因事配人"的体系建设，要从点状的"精兵强将"发展为梯队化的"人才辈出"，要通过人力的高效产出实现战略业务目标的快速达成。本章的四节内容将围绕上述人才困境逐一展开分析，探讨"因事配人"体系构建的核心关键。

因人排事的管理困境

■ 案　例

H公司是一家从事软件开发的公司，业务快速发展的同时，经常因为外部政策调整改变内部运营模式，导致业务部门的新建、关停成为常态，人才随之不断被"任命"，又不断被"罢免"。同时，业务快速变化要求人员迅速补充到位，公司招聘也比较草率，常常能用就招进来先干着，发现能力不行后再调整安排。结果68位员工，有62个不同的岗位，每个岗位的职责都不一样，很难形成标准化流程，公司的运营效率非常低。

案例中的H公司呈现出的是一家企业从创业期进入成长期后会依习惯保持的"灵活性"状态，但这种状态其实是典型的"因人排事，人岗不分"，它会带来以下管理困难。

（1）**岗位设置有效性和合理性欠缺，难以支撑战略经营需要**。岗位是组织结构的最小颗粒度，代表为了专业、高效完成组织任务的一种细致分工。当岗位设置的有效性和合理性未经过仔细推敲时，岗位与企业战略事项的达成或当前业务发展的需要之间就难以形成匹配支撑关系。

（2）**岗位的职责是什么，岗位需要什么样的人，这两个问题难以清晰化**。岗位随机设置，未经过严谨分析，导致后续招不准、用不好、无评价、难培养等一系列人才管理问题。

（3）**人岗不分导致沟通协作成本变高，组织知识沉淀困难**。因为岗位职责边界不清晰，因人而异，内部协作要依赖大量的人际沟通，工作过程中产生的经验知识也会跟着人走，换个人职责边界、操作流程都会变化，企业难以沉淀最佳实践。

总的来看，"因人排事，人岗不分"是很多组织产生管理问题的根源。因此，成长期企业应该基于第6章提到的组织设计三大因素（流程与功能、效率与能力、战略与客户），审慎思考组织设计，并落实到科学合理的岗位设置上，先"布阵"再"排兵"。

管理大师德鲁克在《卓有成效的管理者》一书中提醒管理者：有效的管理者要能使人发挥其长处，但这绝不意味着管理者的首要任务是因人排事、因人设岗。相反，我们应该坚持因事用人。因为只有这样，我们才能为组织提供所需的各种人才，也只有这样，我们才能容忍各色人等的脾气和个性。能容忍这些差异，内部关系才能保持以任务为中心，而非以人为中心。

合理配置，关注人效

进入成长期的企业往往会更加以市场为导向，关注销售业绩增长和市场占有率的提高。随着业务规模的扩大，团队规模也会以肉眼可见的速度扩大，眼看着员工从三五十人增加到几百人。这往往也是企业规模快速扩大的第一个时期。

如果你敏感一点，就会发现这个阶段的人员扩张一般都会带来低效。先来看我们经历过的两个企业案例。

■ 案　例

　　A 公司是一家经营女装的电商贸易企业，在快速成长的几年中，业绩从第一年破 1 亿元到三年后的 4 亿多元，人员也从第一年的五六十人扩张到了 300 多人。虽说在此过程中大家都感觉到了人效在降低，但总觉得当下最重要的还是增长，人效可以等公司发展稳定之后再抓，直到人效一降再降、不得不管。

　　B 公司也是一家电商企业，同样遇到了类似问题。去年公司业绩达 2 亿多元，人数 100 人左右。随着今年业绩目标的翻倍，各部门的人员招聘需求不断增加。让老板大吃一惊的是，在他出差的一个月期间，公司竟然一下子多了 30 多个新人，敏锐的他第一时间意识到这样发展下去肯定会有问题，紧急跟我们探讨如何应对。

成长期企业到底该不该关注人效

　　所谓人效，指的是企业的人力资源投入产出比，衡量的是人力资源的使用效率。一般的算法是产出（如营收、利润等）作为分子，员工人数作为分母，或者人力成本作为分子，产出（如营收、利润等）作为分母。具体呈现为人均营收、人均利润、人力成本占销售额的比例等。

　　从上面的例子可以看出，企业家和核心高管对人效是有一定敏感度的，他们往往能感知到企业的效率何时变高、何时变低，可是让他们焦虑又纠结的是，当人效开始下降的时候到底该不该管控，以及如何管控。

　　对于这个问题，我们的答案是一定要做适当的干预和控制，这是因为人效降低意味着组织运行效率在下降，当期利润率也会下降。但需要提醒的是，成长期企业千万不要像成熟期企业那样，死抠人效数据，过分干预。

成长期企业人效走低背后的原因

　　我们要正确看待成长期企业人效走低的原因。基于我们对成长期企业的咨询辅导和研究分析，企业进入这个阶段，人效降低是一种较为普遍的现象，而导致人效降低的原因主要在于以下几个方面。

1. 组织变复杂的必然

将创业期与成长期相对比，企业人效最高的时期，大概率是创业初期。因为这个时期的员工就是创始团队，他们往往一人身兼多职，而且相互之间有着很好的信任关系和默契度，他们的目标也比较单一，就是活下来赚到钱，所以人效必然达到一个高点。

随着创业成功、业务规模越来越大，企业的运作变得越来越复杂，开始划分部门、招聘人员。这些都会带来企业业务链变长、人员能力与性格多样化、横向沟通协作变难等新问题，所以人效大概率会产生一定程度的下降。

2. 业务探索的需要

成长期企业在战略和业务的探索上往往会与以前不同，它们不仅关注"活下来"，还会关注如何成长得更大、更好，所以会开始不断关注新机会。对"新机会"的尝试，往往需要增加人员，但是否会带来预期的结果却不得而知。有失败的可能，也会存在结果产出的滞后性，这些情况将导致当下人效降低。

3. 人力资源团队的专业度

成长期企业往往开始设立人力资源部门或人事行政部门，但如果仔细去了解，在绝大多数企业中这个部门的定位更多是招聘和行政服务功能，在组织设计、定岗定编、人力资源机制建设等规划类和标准类功能的履行方面普遍缺失，所以这类企业的 HR 人员大多会呈现出这样的状态——业务部门提出的招人需求来者不拒。

如何应对和预防

厘清原因之后，我们想告诉企业家的是，人效问题一定要关注，但也要理性看待，同时在可以发力的地方进行适度干预。

如果按照"发现问题→分析原因→探索解决策略"的逻辑，我们接下来就要基于每个原因来探索解决策略。

在上述原因中，最容易干预的是第三个——人力资源团队的专业度。成长期企业需要配备一名专业的 HR，由他来梳理组织设计、定岗定编及重要的人力资源机制规则。如果短期内专业的 HR 配置不到位，至少应该建立一套简单的招聘需求管理规则，建议规则中包含以下两项原则。

- 凡是属于战略规划需求的关键岗位，一定要招聘和引进，只关注招聘人员的匹配度即可。
- 凡是战略规划需求之外的基础岗位，只有离职替补的人员可以直接招聘，对新增人员的需求一定要建立严格的判断和论证流程，并由企业的核心管理层甚至 CEO 本人决策是否招聘。

对于案例中的 B 公司，我们和 HR 负责人、CEO 一起制定了一套新的招聘需求判断流程，完成之后不仅负责招聘的 HR 对自己的工作重点和定位更加明确了，老板内心也笃定了不少。

除招聘专业的 HR 建立人力资源体系、明确招聘需求管理规则之外，成长期企业还有一个重要工具可以用来实现对人力成本的合理控制——预算管理。当企业战略与业务目标厘清之后，企业应该梳理当年的财务预算，其中包含人力成本预算。

在这里要提醒企业家注意的是，如果企业有多个业务板块，建议分业务做人力成本预算及人效目标设定，比如定位于盈利的业务，一定要关注人均产出及最终的利润率；定位于探索的新业务，在期初的盈利能力上可以不给过高的预期，但一定要明确未来盈利节点规划与整体业务发展节奏。有了这些之后，执行过程中还要时时复盘并纠偏。

如果企业家能做好以上工作，就可以在一定程度上保证人效问题在可预期和可控的范围内，即使中途出现偏差，企业也能冷静地判断它是正常问题还是异常问题，并给出适当的干预调整措施。

精准选人的三大关键思考

■ 案　例

J公司是一家快速发展的制造业企业，需要很多中高层次人才应对业务发展的需求，因为内部人才培养速度远远跟不上，只能采取引进外部优秀人才的策略。J公司地处浙江的次发达地区，区域内的人才池可选择性并不多，所以J公司对引进的人才开出非常有竞争力的薪酬并通过猎头来挖掘意向人选。

但是"乱花渐欲迷人眼"，面对众多候选人，J公司发现自己也不知道应该选哪一位，每位都有其优劣势，最后只能听凭猎头公司推荐。但人才引进后，J公司却发现这些人与岗位要求存在比较大的偏差，在工作习惯、文化风格上也水土不服。J公司的管理又比较"仁慈"，始终觉得可以再磨合看看，由此带来内部各种人员摩擦，也贻误了业务发展最好的时机。

选人是成长期企业最常规的管理动作，而人才的选用似乎又充满了"变数"、难以界定清晰的"标准"，要想用精准的手段招到合适的人才，我们认为有三个关键问题需要想清楚。

人才选用关键问题一：外部招聘还是内部选拔

■ 案　例

F公司是一家民营500强的多元化集团，老板在新商机的挖掘与布局上具有独到的眼光，经常吸纳、发展多元新业务，同时通过外部引进方式招聘到很多新业务所需的各类人才，而鲜少以老员工转岗的方式充实新业务团队，这导致不少老员工因为失去良好的职业发展通道，无法晋升也无法轮岗，最终选择离职，公司也因此失去了大量经验丰富的熟手。

到底人才应该从外部招聘还是在内部选拔呢？我们认为要看具体情境。

（1）针对核心中高层管理岗位：优先考虑内部选拔，这样他们对企业的认同感更高，与企业的价值观匹配度更好，当然也需要考虑核心中高层管理团队中适当的内外部人员结合。

（2）针对专业、技术、技能有全新需求的岗位：内部没有合适的人选，当然只能通过外部招聘，直接购买新的能力。

（3）针对基层高潜力人才培养：以内部选拔为主，外部招聘为辅，优先给内部人员公平的发展机会，但也要适时从外部补充新鲜血液，保持人才池的开放性与活力度。

（4）针对新探索业务经营者岗位：如果市场上有具有成熟经验的人选，建议外部招聘，同时内部选拔有创新力、冲劲的老员工担任副手；如果市场上没有具有成熟经验的人选，则建议内部选拔有企业家精神的员工担任，然后为其配备内外部人员结合的团队。

人才选用关键问题二：选大树、树苗还是树种

大树型人才是指成熟的、现成的高端人才，可拿来即用；树苗型人才是指有一定经验的中端人才，可拔高使用；树种型人才是指高潜力的"小白"，需要长期培养。

人才引进策略要与企业业务发展的阶段相匹配。如果行业发展相对平缓，企业业务的增长、变化不大，企业人才引进策略可以是招聘"树种"自己培养，这样做能够培养出更符合本企业业务特点与价值观的员工；如果行业变化非常快，一两个机遇点没有抓住，企业可能就被淘汰了，这时还招聘"树种"和"树苗"，则无法匹配业务发展速度，因此需要招聘行业中相对成熟的"大树"型人才，能够快速拿到结果；如果是新兴行业，行业中不存在"大树"型人才，就需要在类似行业、相关行业中找到具有一定经验的"树苗"型人才，兼顾专业、灵活与创新性。

对于企业来说，要先对行业发展的现状与趋势有比较客观的判断，再从外部视角、未来视角看企业业务发展需要引进哪类人才，是树种还是树苗，抑或是大树，甚至是参天大树。

人才选用关键问题三：注重硬知识还是软素质

美国心理学家麦克利兰在帮助美国国务院研究如何更好地选拔外交官的过程中发现，真正能够影响外交官成就高低的不是外交官会几个国家的语言、从什么院校毕业以及学习什么专业，而是外交官在人际敏感度、政治敏感度、自我成就动机等方面的软实力。这在一定程度上改变了我们对人才的判断标准。

根据研究结果，麦克利兰教授提出了关于人才标准的"冰山模型"，将影响员工行为的个体要素分为显性的（表象的）"冰山以上部分"和隐性的（潜在的）"冰山以下部分"，如图7-1所示。

"冰山以上部分"包括经验、知识、技能等，是外在表现，是容易了解与测量的部分，也是相对容易改变和发展的部分。而"冰山以下部分"包括素质和动机等，是人内在的、难以测量的部分。冰山越往下的部分，越难被认知，也越难改变，却会对我们的行为产生更为深远与难以察觉的影响。

图 7-1 关于人才标准的"冰山模型"

我们在实际选拔人才时,要明确对这个岗位的候选人,我们更看重的是什么,是候选人"冰山上"的过往经验、掌握的知识和技能,还是在过往工作经历中体现出来的"冰山下"的素质和动机。

■ 案 例

技术型营销人员应该从专业技术部门还是营销部门选任

S 公司是一家综合性工程咨询集团,其业务遍布全国并逐步发展到海外。为了更好地在不同区域进行业务的拓展,S 公司在全国各地以及海外都建立了办事处,一方面是为了更好地在本地从事营销工作,另一方面可以在本地协同业务的交付与服务,取得更好的项目效果与客户满意度。

办事处相关岗位对人才要求非常高,他们既要具备专业技术能力,能够现场根据地形、项目实际需求给予潜在客户专业建议,能够清晰地说明工程项目的技术难点,对工程的体量等参数有比较准确的预估,还要具有很强的营销能力,能够"抹开面子,做好服务"。

S 公司能找到具备上述任意一种能力的人才,但是想找到复合型人才却难之又难。具有专业能力的人才不愿意做营销,觉得这不符合他们专业路线的发展；具有营销能力的人才，对专业的学习也需要花费大量的时间、精力，的确也不太容易。S 公司在办事处岗位的人才选用上头疼不已，也一直选不到符合要求的人才。

我们在咨询项目期间，提出这样一个问题：具有专业技术能力的人才学习营销知识技能，与具有营销能力的人才学习专业技术，哪一种难度更高？

我们通过对过往优秀营销人才的经历进行梳理与研究发现，让专业技术人才转岗做营销其实难度是更大的。具有营销能力的人才转岗需要学习补充的是"冰山上"的专业技术知识，而具有专业技术能力的人才转岗则需要改变的是"冰山下"人的性格与素质，可想而知后者的难度更大。

此后，S 公司在选用办事处人员时，优先选择具有营销能力的人才，让他们通过在专业部门轮岗的方式进行专业知识的学习，最终到办事处相关岗位上去。这样的人才培养与选用路径，解决了 S 公司在这个岗位上的人才缺口问题。

■ 案　例

选用关键人才时，经验能力和动机动力，哪个更重要

Z 公司是一家民营的医疗器械企业，近年来行业快速发展，需要引进一名有丰富经验的业务负责人领导新业务的开拓。Z 公司通过猎头找到了一位在行业头部企业中任职，并且拥有 10 年区域负责人经验的候选人。在面试过程中公司对于其体现的专业经验、能力等均表示非常满意，候选人对于新业务的开拓也表现得信心满满。但候选人到岗一段时间后，Z 公司发现其对开拓新业务的投入度较低，工作状态较为怠惰，甚至因为行动迟缓错过了好几个巨大

的政策红利期。

经过深入的访谈,我们发现候选人之所以会选择Z公司,是因为他觉得自己已经在头部企业任职多年,年近半百,不想再承受巨大的业务压力,想找一家能够"安度退休前时光"的公司。而Z公司要求处于这个岗位的人能承受开拓新业务的压力、重新投入激烈的竞争环境中,候选人这种"半躺平"的底层诉求与此显然南辕北辙。

由以上案例可见,对于人才的选用,在明确岗位产出要求的前提下,一定要选好评价方法,特别是对于具有多年丰富经验的关键人才,在关注其"冰山上"知识、技能的同时,更要关注其素质能力及底层驱动力,否则错误用人将会使企业白白错失很多市场机会。

盘点人才,构建梯队

人才是一个企业发展的核心支撑。而衡量人才梯队是否健全的标准是组织能不能源源不断地让优秀人才辈出。

在这里我们想结合实践经验和咨询案例,给企业家几点关于做好人才梯队搭建与培养的建议,希望能帮助企业家抓住核心,掌握企业人才梯队建设全貌。

企业家要有人才梯队的概念

提到"人才梯队"这个词,相信很多企业家都不陌生,在短视频、网络文章或是与同行、朋友的交流中都会听到这个概念。但人才梯队到底是什么、企业家怎样用最快捷的方式构建自己的人才梯队,现实中的答案就模糊了许多。有不少客户向我们提到过,自己也不知道怎么判断企业的人才梯队好不好,是不是各个岗位上都有人就可以了。

基于此，我们想先阐明人才梯队的概念。"梯队"最早来源于军事领域，指的是在作战或行军时，队伍从前到后被分成若干部分，比如先头梯队、第一梯队、第二梯队等，这些区分既明确了冲锋作战的顺序，也使得每个团队都有后备队伍的保障。后来"梯队"又被广泛应用到各个领域，出现了诸如人才梯队、产品梯队、市场梯队等概念。回到人才梯队，简单来说，我们希望在企业这座大楼里，每个阶梯上都有合适的人才，并且这些人才要有向上一个阶梯发展的意愿和能力。

想一目了然地掌握企业的人才梯队现状，最简单的方法就是把组织架构图转换成岗位架构图，并且把各个关键岗位的人的名字放进去。这样一个再简单不过的动作，就能让你看到组织中缺了什么人、多了什么人、哪里需要重点关注等。接下来，我们将通过两个案例让你切身感受一下。

■ 案　例

图 7-2 是 J 公司的岗位架构节选，我们可以明显地看到，除 A 业务部的人员梯队相对健康之外，其余团队都有待调整，其中：①新组建的 C 业务部是最缺人的；② B 业务部和 D 业务部有着共同的问题，就是只有负责人（其中 B 业务部的负责人是当期的轮值销售总监）和普通业务员，而缺少作为中坚力量的销售经理，就更不用说当公司提拔了销售总监之后，有没有人能胜任业务负责人的角色了。

基于图 7-2，J 公司 CEO 一眼就发现了公司的销售团队存在人才梯队断层问题和风险，同时也明白了自己最该关注的地方——找人力资源部重点协助销售总监培养和引进各个团队的销售经理，同时关注 C 业务部负责人的选拔进展。

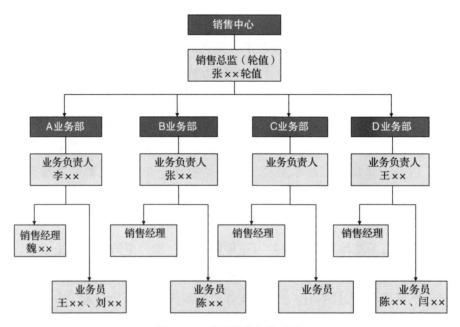

图 7-2　J 公司岗位架构节选

再来看图 7-3，这是 F 公司的岗位架构图节选。也许你会说貌似各个岗位都有人，几乎没有缺失和断层。但当我们画出这张图的时候，总经理直呼终于明白了为什么自己天天都感觉时间不够用，那是因为他在岗位梯队设置时没有考虑管理幅度，每天不是这个人找就是那个人找，导致他完全没有整块的时间去思考更重要的事情。

在这个基础上，我们共同探讨了如何增加高管岗位的设置。比如，业务板块增设渠道负责人，未来考虑增设大业务板块负责人。这样既能给现在的店长和项目负责人更多成长与发展的空间，也能很好地释放总经理的时间、精力，去做长远规划和机会探索等更重要的事情，具体如图 7-4 所示。

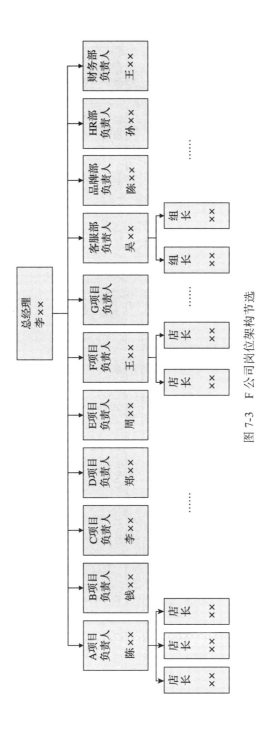

图 7-3　F 公司岗位架构节选

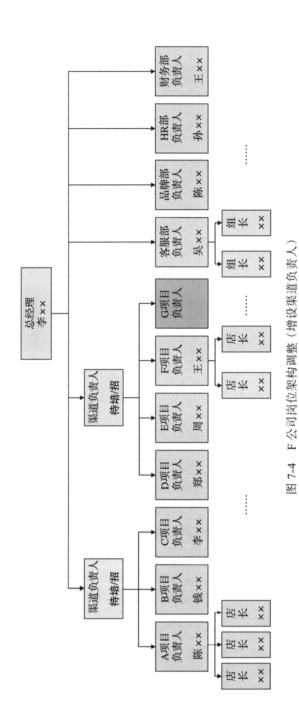

图 7-4　F 公司岗位架构调整（增设渠道负责人）

企业家要善用人才盘点，实时关注人才梯队现状

当有了直观的岗位和人才架构图之后，企业家需要做的第二件事情就是定期关注人才架构变化的情况，即通过人才盘点厘清现有人员的能力、状态、潜力等，以便做好关键岗位人才的选用育留。

当然，企业家并不需要对人才盘点的具体做法了如指掌，从我们的经验来看，企业家更需要了解的是以下几方面内容。

1. 人才盘点盘什么

一般情况下，人才盘点主要盘三个方面的内容：人才数量、人才质量和人才风险。

（1）**盘数量**，是指看现在的人员数量和目标编制数之间的差距，这可能包括人员总数和不同类别人员的结构。盘点之后我们就能清楚地知道哪些地方是缺人的，哪些地方是冗余的。

（2）**盘质量**，是指分析现有人员的能力、业绩、潜力和目标人才画像之间的差距。盘点之后我们能清楚地知道员工的综合能力是不是符合岗位要求，以及他是否有向上一职级发展的潜力等。

（3）**盘风险**，是指判断关键岗位上的人员有没有潜在的离职风险，他的离职影响是大还是小，以及后续有没有可替代人才。盘点之后我们更好地提前做筹划。

通过前面的架构图，我们能很清楚地看到关键岗位人员的数量情况，所以这里我们把盘点更多地聚焦在盘质量和盘风险上。

2. 人才盘点的结果如何应用

人才质量盘点结果最常见的呈现方式就是九宫格。九宫格是目前应用最广泛的一种区分人才的方式，它很清晰地把人才分成几大类，而且对每一类都有明确的定义。你可以画一个这样的矩阵，横坐标和纵坐标

分别写上要评价的两个因素，比如潜力和绩效，并且用高、中、低把它们分成三段，这样纵横交错就会形成一个九宫格，如图 7-5 所示。

九宫格		潜力		
		低潜力	中潜力	高潜力
绩效	高	⑥可用人才	②核心人才	①超级明星
	中	⑦关注人员	④可用人才	③核心人才
	低	⑨待优化人员	⑧关注人员	⑤可用人才

图 7-5　人才盘点九宫格

潜力和绩效双高的①类人才是企业最想要的超级明星，我们应该更多地考虑怎么保留和发展他们；潜力和绩效一高一中的②、③类人才是企业的核心人才，我们应该关注他们的成长和发展，给予他们更多发挥和锻炼的机会；潜力和绩效都中等的④类、绩效低但潜力高的⑤类或者绩效高但潜力低的⑥类员工是企业中的大多数群体，我们需要继续发挥他们的所长，把他们放置在合适岗位上，适时推动他们向核心人才发展；剩下的⑦类和⑧类人才需要密切关注与判断，有针对性地实施辅导反馈，短周期内做判断；⑨类员工为待优化人员，建议考虑淘汰。

人才风险盘点一般通过信息收集或组织关键人员讨论的方式进行，一般会评估关键岗位人才的离职风险、可能的离职原因以及离职影响。离职风险及可能的离职原因分析，能帮助我们找到保留相关人员的方法；而离职影响分析，则能帮助我们判断要以什么样的重视程度看待相关人员的保留。当然，这部分内容也可以直接标注在岗位架构图中，比如 F 公司的岗位架构图加上离职风险之后就变成了图 7-6。C 项目负责人的离职风险最高，因为他的家人希望他回老家发展；客服部负责人、HR 负责人的离职风险都是中等，一个有家庭原因，另一个想出去创业。

第 7 章 人才管理："事"为先，"人"为重

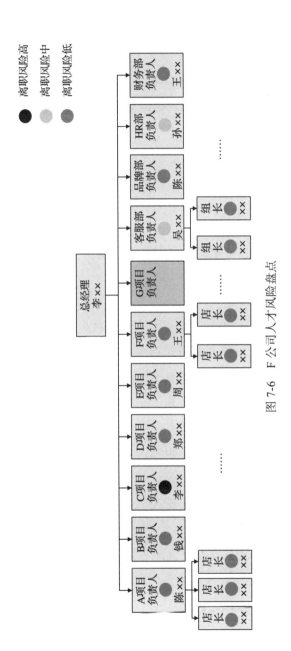

图 7-6 F 公司人才风险盘点

3. 人才盘点后如何诊断内部梯队

人才盘点工作结束之后，企业家要把关键岗位人才的九宫格落位、离职风险、继任者情况等方面综合起来看人才梯队情况，以判断当前的人才梯队是否健康，以及下一步应该重点关注哪些部分。

■ 案　例

我们继续来看 F 公司的例子。如果把所有的人才盘点结果汇总到一张图上，就形成了图 7-7，灰度深浅代表每个人的离职风险，圈中的数字代表每个人的九宫格落位。

现在，让你来判断 F 公司人才梯队中应该重点关注哪些岗位和人员，你会如何回答呢？

当时的结论是这样的：

问题最突出的，就是那个既是①类人才超级明星，离职风险又高的 C 项目负责人李××。这是因为他的直接下属分别是⑥类人才和⑦类人才，且全公司的店长这一层里面也没有①、②、③类人才，如果他真的离开的话，是没有合适的继任者的。所以公司要么短期之内想办法保留他，要么抓紧时间招聘相关人才。

其次是③类人才、离职风险中等的 HR 部负责人孙××。因为公司的 HR 团队不大，部门除了他之外只有几个助理人员，所以公司要关注他的动向，最好能够帮助其解决个人问题，尽量保留他，同时要持续关注他对下属人员的培养情况。

最让人头疼的，其实是⑨类人才 F 项目负责人王××。他身担要职却没有继任者，这往往就是很多公司想淘汰掉却又担心活没人干的人，对他要格外关注和审慎应对。

第 7 章 人才管理："事"为先，"人"为重 133

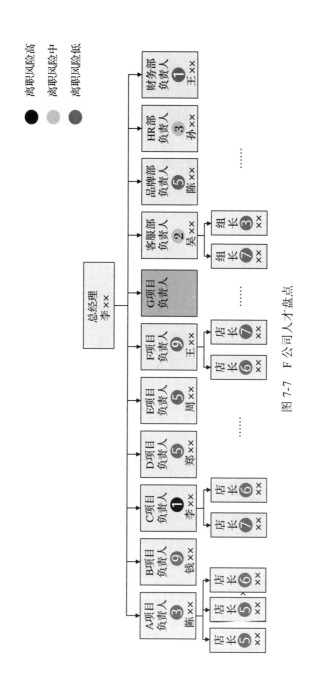

图 7-7 F 公司人才盘点

企业家要勇于做出艰难决策，为人才梯队建设保驾护航

企业家应该关注的重点画出来之后，就是具体怎么做的问题了。理论上来说，其实方法很简单，就是运用5B［内建（build），外购（buy），解雇（bounce），留才（bind），外借（borrow）］的用人方法做好人才的选用育留汰。

外购，就是大多数企业都在做的人才招聘。要想招聘到合适的人才，除HR之外，从画出人才画像到面试人才，都需要企业家和业务负责人深度参与。

招聘本身的不确定性和试错成本让大多数企业把目光放在了内建上，也就是通过内部体系自己培养核心岗位人才，而这需要将发展与保留结合起来发力，企业家要关注企业有没有相应的"培养—成才—留才"机制，并不断验证它的效果如何。

解雇，是一项艰难而正确的事情，只有敢于在合适的时间做出解雇不合适的人的决策，才能不断提高人才队伍的活力与能力，甚至能影响团队的氛围。

外借，一般指的是在自己不专业的领域，聘请外部顾问加入，以帮助团队弥补短板，这也是越来越多的企业所喜欢的一种方式。比如，它们常常聘请HR顾问、财务顾问、品牌顾问、战略顾问、技术顾问等，帮助团队快速地拥有某些方面的专业能力。

以上这些方式总结来说，就是适时淘汰掉不合适的人员，通过招聘、内部培养、聘请外部顾问等方式补充新人和新的能力，同时做好内部的人才培养、发展与保留工作。

在真正实施过程中，企业家应该适当参与，并在关键的时候做出艰难决策。比如，如何处理那些一起创业、忠心耿耿，但成长速度跟不上企业发展要求的老人；如何应对那个早已有了创业打算并很可能成为有力竞争对手的明星员工；如何在HR遇到招聘瓶颈的时候帮他们厘清思路……

最后总结一下，企业家是企业人才梯队建设的关键角色。在企业的人才梯队建设工作中，企业家首先要有人才梯队的概念，善用岗位架构图了解人才数量，同时定期关注人才盘点结果，了解关键岗位人才质量和梯队健康度。最关键的是，人才管理是一项技术与艺术相结合的工作，在具体实施中，企业家要及时做出艰难而正确的决策，以保证企业的人才能够承接业务、承接战略。

■ 本章小结

1. 成长期企业要警惕以往惯性的"因人排事"的随意性，重视"因事配人"管理体系与机制的构建。
2. 要从业务发展角度思考岗位设置，理性看待并关注人效问题，提前规划、明确规则、适度干预。
3. 要想清楚人从哪里来——是外招还是内培，选什么类型的人才——选大树、树苗还是树种，关注人才的什么维度——是技能、经验还是素质动机。
4. 要定期盘点企业当前的人才资源，时刻关注人才梯队建设情况，并且要去做艰难而正确的决策，以保证企业的人才能够承接业务、承接战略。

■ 企业家诊断与思考的问题

1. 我们是否清楚组织架构中每个岗位设置的目的是什么？它们的核心产出结果应该是什么？对任职者的要求是什么？
2. 我们是否建立起来了衡量企业或核心业务单元人效的标准？近期的人效变化趋势如何？是什么影响了人效的变化？

3. 为了达成企业的战略目标，我们需要补充什么类型的人才？如何补充？知识、经验、素质、动机这些核心维度匹配度如何？
4. 我们目前的关键岗位人员分布在九宫格的什么位置？他们的能力、数量是否满足企业需要？
5. 我们关键岗位人员的后备人选有哪些？他们的能力、状态如何？

CHAPTER 8

第 8 章

新老融合

"旧习惯"融入"新要求"

成长期企业创始人看着一天天长大的企业常常骄傲与困扰并存。一方面为现有的成绩而骄傲,因为伙伴们的奋力拼搏,企业终于在市场上有了一席之地,得到了一些客户的认可;另一方面又对接下来继续带领这支队伍获得更大的成就有些困扰,常常感觉已经用了"洪荒之力",但是关键事项的推进还是离预想有千里之遥。

为了给伙伴更多的发展空间,让他们承担更多责任,企业在内部提拔了一批部门负责人,但他们似乎自己干活还行,带起团队来却 1+1<2。

为了弥补未来发展的能力短板,从外面请来一些专业大咖、职业高管,结果新人和老人相互看不上,团队变得四分五裂。

对于一起打拼的老伙伴，又是谈心，又是送出去上课，结果他们回到工作中还是我行我素，甚至给干事的人造成了不好的影响。

总的来说，成长期企业要想从"绿皮火车"升级为"高速动车"，整个组织的发展就不能再单纯依靠创始人的力量，这对于企业创始人、老功臣、空降高管、新晋管理者等各类角色来说，都意味着有"旧习惯"与"新要求"之间的冲突和碰撞，这也就给成长期企业带来以下四大挑战。

（1）新提拔的管理者，如何适应"新身份"，带领团队共同发展？

（2）外请的空降兵，如何与老人融合，形成真高管团队？

（3）共同创业的老功臣，如何继续发挥优势，激活新能量？

（4）创始人自己，如何摆脱"旧习惯"，为组织打造新的功能定位？

对于前三项挑战我们将在本章中通过案例探讨解决之道，而第四项挑战则会在本书的第 12 章予以详细分析。

新任管理者转型升级

美国管理学家劳伦斯·彼得在研究了上千个组织晋升失败案例后，有一个非常有意思的发现：我们常常会因为一个员工在现有层级的胜任表现而将他提拔到上一层级，再因为他的继续胜任而继续提拔他，直到他被提拔到他不能胜任的岗位。依此逻辑推理，彼得认为组织中每一个职位将被不胜任岗位的员工所填充。这一发现后来被管理学界称为"彼得原理"，告诫我们新提拔人员在新的层级上不一定能发挥原有优势。

伴随着业务规模扩张，成长期企业常常会将优秀专业骨干提拔为团队管理者。在很多企业中，我们确实看到一些优秀骨干就如下面案例中的阿雅，被提拔后变成了一个平庸甚至不合格的管理者，这似乎正应验了彼得的发现。

■ 案 例

E公司是一家面向20～40岁女性的服装公司，一直非常注重自我品牌的打造。伴随着团队销售规模的扩大，E公司的服装设计团队从几个人不断扩充为几十个人，创始人感觉自己没有精力再直接管理这个团队了，就提拔老牌设计师阿雅作为部门经理。

阿雅专业能力过硬，曾为公司设计出好几款爆款单品，所以对于她的晋升，无论是她自己，还是周围同事都觉得顺理成章，阿雅刚开始也信心十足。

晋升为部门经理以后，阿雅首先把自己定位为部门的设计专家，她觉得要继续担当"设计一姐"，核心的设计工作得一马当先。因此公司交代下来的好几项创意设计项目，阿雅都当仁不让地自己直接上手，只把一些相对简单的事务分派给其他员工。

同时，对于下面员工提交审核的一般性设计图样，她发现不如意之处，要么直接下命令要求下属依指令修改，要么自己直接帮着修改，导致自己经常加班加点，还常常延误交稿时间。

这样干了几个月后，阿雅发现自己手上堆积的设计工作越来越多，下面员工上交的设计任务质量也越来越不如人意，大家似乎习惯了将任务上交了事。阿雅感觉又疲惫又困惑，觉得自己天天加班加点付出很多，但大家一点也不领情，反而和自己变成了对立的两面。公司对于设计团队的好几项重点设计作品一再延后也多次提出警告，阿雅开始怀疑自己不适合做管理者？

CEO原来是希望通过晋升，给优秀的专业骨干一种认可与鼓励，也给他们提供更大的发展舞台，但是没想到，这样的提拔不仅没能实现几方共赢，反而造成各方都不满意。

作为CEO，我们不应该从专业骨干中挑选管理者吗？或者说，我们该如何帮助专业骨干更快转型为优秀团队管理者呢？

从专业骨干晋升为团队管理者的两个核心要点

应该说,从优秀专业骨干中提拔团队管理者,这件事本身是正确的。所有员工进入企业后,必然先从基础的专业工作做起,在具备了一定专业经验、取得较高的业绩后,才会被考虑提拔。但是,这里有一个误区需要澄清:不是所有优秀的专业骨干都一定能做好团队管理工作的,这涉及员工自我发展的方向性选择:是往管理道路发展,还是往专业道路发展。

所以问题的关键,不是应不应该提拔,而是什么样的人适合提拔,提拔后又如何促进其能力提升。作为企业家,我们需要重点把握下面两个核心要点。

核心要点一:提拔人员要更关注他与新岗位所要求的管理能力的匹配度,而不是只看他过去的专业优势。

我们在提拔优秀专业骨干时,往往仅关注了他们的个人专业技术能力,例如案例中阿雅因她的个人设计创意能力和优秀业绩而得到提拔,"TOP SALES"(顶尖销售员)会因为其超高的销售能力所带来的销售业绩而得到提拔。其实,专业优势只是选拔团队负责人的基础条件之一,而且这种专业优势有时也会变成一种"优势陷阱",让他们习惯于只注重个人专业能力发挥。我们实际上更需要深度考察的是他们作为管理者的管理能力。

对于被提拔为团队管理者的专业骨干,企业更看重他们带领一群人共同工作的能力。如果欠缺对专业骨干沟通协调、组织与激励等能力的考察,就有可能造成所选拔的人员在管理意愿与能力方面是有欠缺的,他们被放在自己不擅长的位置上,自然就很难再创造突出业绩。

核心要点二:从专业骨干到团队管理者的转型是一个跨越鸿沟式的发展,需要我们有意识地进行专项辅导,不能任其自生自灭。

"学而优则仕"似乎让我们有一种错觉，专业干好了就应该去"当官"，同时也必然能"当好官"。基层团队负责人作为组织层级中的基础管理岗位，也让我们误以为初级阶段管理能力很容易掌握。但是对于初次被提拔的专业骨干来说，管理者角色其实要求他们在工作意识、工作模式等方面都有本质转换。以往他们只需要对自己负责，工作成就90%由自己说了算，但现在他们需要对团队负责，他们的工作成就90%由其他人努力的结果决定。正如一个新晋升的管理者所说："自己好像突然升级成一个爸爸，要抚养一个孩子，但他还听不懂我的话，不免手足无措，真是打不得、扔不掉。"

因此，我们在提拔完新任管理者之后，一定要帮助他们看见转型后的新要求，帮助他们有步骤地实现能力的转换升级，否则他们就会像案例中的阿雅，按照自己的理解，继续运用自己以往的行为风格、工作习惯去管理团队，掉入"优势陷阱"，结果越做越错。

齿轮模型：助力新任管理者转型胜任

如何才能帮助新任管理者实现转型胜任呢？拉姆·查兰在《领导梯队：全面打造领导力驱动型公司》一书中概述了领导力发展的六个阶段，从第一层级的管理自我到管理他人，一直到第六层级从集团高管到首席执行官，清晰展示了不同阶段管理者在领导技能、时间管理和工作理念方面的差异性。

依据该书的核心思想，我们提炼总结出帮助新任管理者有效转型的"齿轮模型"（见图8-1），从"角色认知""时间分配"和"管理技能"三方面帮助新任管理者快速完成转型。

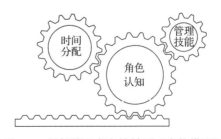

图8-1 新任管理者有效转型"齿轮模型"

1. 管理者转型胜任之一：从 I 到 T 的角色认知转变

对于所有新任管理者，我们首先要向其讲明企业对他们要求上的全面转变，让他们意识到自己作为管理者，成功与否不再只取决于他们个人，而要取决于激励、引领其他人共同成功。

我们可以用"I"来表示管理自我的阶段，即只需要自己一个人，拥有纵向精深的专业能力，精研一个方向。转换到管理他人阶段，我们可以用"T"来表示，这代表成为管理者后不再是一个人而是一个团队。

对于新任管理者来说，核心的变化在于增加了横向串联与协同，需要综合承受来自组织上级、平级、下级的不同压力，需要平衡长期、短期的不同任务要求，而后明确团队统一的行动方向，牵引团队共同发展。

2. 管理者转型胜任之二：做好时间分配，聚焦要事优先

新任管理者很容易被淹没在各类紧急任务中，时刻都在救火，茫然而不知方向。我们每个人，特别是管理者，必须意识到，时间是最宝贵的、不可再生的资源。我们必须主动把控时间，不能人就事，而得事就人，要把时间花在作为管理者这个角色需要花的地方上。

因此，企业家需要让新任管理者认真思考以下三个问题。

（1）根据当下角色定位，我最核心的职责有哪些？我应该如何分配时间？

（2）目前我的时间实际上主要花在了哪些方面？哪些地方存在偏差？

（3）接下来我应该如何调整时间分配，以保证有整块可自由支配的时间用于处理重要的事情？

新任管理者需要完成的事情可以归纳为三大类：管理目标与工作、管理他人与资源、自我执行。

（1）**管理目标与工作**。思考外部市场环境和上级组织要求自己产出的成果贡献，并努力达成。具体包括以下任务：厘清工作目标并分解为下属可以理解与执行的行动计划；对照目标与计划，跟进执行过程，适时做好绩效反馈与辅导；根据团队实际运营效能，优化团队内的职责分工与协作流程。这类工作时间应该整体控制在30%。

（2）**管理他人与资源**。积极补充下属团队成员，提升下级能力，同时协调好上级、同级的资源力量，为任务达成创造良好的关系网络。这类工作时间应控制在30%左右。

（3）**自我执行**。为自己留40%的时间，处理需要由自己亲自解决的复杂专业问题及一些例外、突发情况，同时为自己留下整块时间，对重要工作进行思考与推进。

表8-1可以用于梳理三类工作时间分配，目的是厘清工作及时间安排，找到当下时间分配的偏差与今后改善的方向，保证有合理、充分的时间投入最重要的事。

表 8-1 管理者高效工作时间分配梳理表

序号	工作类型	工作事项	理想时间分配	当前时间分配	时间分配偏差	调整提升方案
1	管理目标与工作	厘清目标并布置任务	15%			从三个方面调整： 1. 个人能力提升 2. 有效授权优化 3. 调整团队配置
2		跟进、辅导下属工作	10%			
3		优化职责划分与工作流程等	5%			
4	管理他人与资源	招聘、指导、教练、反馈下属	15%			
5		与外部关联方及内部横向部门沟通	10%			
6		与上级沟通反馈	5%			
7	自我执行	领域内重要工作的思考与推进	30%			
8		处理例外、突发情况	10%			

当我们发现时间分配偏差较大时，我们可以从个人能力提升、有

效授权优化、调整团队配置这三个方面寻求调整突破。个人能力提升主要指，思考对这件事我还缺少哪些知识要学习，有哪些能力要锻炼，并安排对应学习与实践活动。有效授权优化的核心是，这件事是不是可以授权团队下属去做，从而释放自己的时间。调整团队配置方面，则思考关于这件事，是不是还缺少对应的岗位或适配的人员来完成，如何补充完善。

3. 管理者转型胜任之三：提升管理技能，实现用人所长

管理者需要承上启下、左右协调，通过影响促动他人来共同达成目标，而要真正发挥出正向影响力，我们认为最大的诀窍就是"用人所长"。

（1）**对齐上级，积极补位。**因为要完成的任务来源于上一层级，因此管理者必须透彻理解上级的产出目标，然后再有效转化为自己的对应行动；上级拥有更高视野、更多资源，管理者要擅于借力；上级有其个性特长，管理者要促进其擅长部分充分发挥，形成助推力，对其不擅长部分主动补位，做好配合，实现上下联动互补。

（2）**协调平级，相互支持。**左右平级部门可能是管理者的上下游，也可能是专业合作伙伴，管理者要关注这些部门的资源优势与专业特长，从有利于双方创造价值的角度，做好协调支持工作，取得对方的帮助。

（3）**激励下级，赋能提升。**管理者要激励、影响下属共同为团队目标奋斗，通过下属的成功获得团队的成功。基层管理者要从单纯关注事转向关注人，既要做事情，更要培养人。一方面，要因事选人，围绕要完成的任务明确用人的标准，选聘合适的人员，淘汰不胜任人员，形成有战斗力的团队；另一方面，又要用人成事，关注团队成员的需求，与他们充分沟通并给予他们信任，组合他们所长来完成团队任务。

721 法则：帮助新任管理者转型

我们和企业家交流了新任管理者转型所面对的挑战后，很多企业家都对新任管理者培养给予极大支持，他们愿意给新任管理者更多的时间来适应新角色，也愿意投入专项经费送他们去学习提升，但是我们要提醒各位企业家，千万不要以为把人送出去上课就能将他们培养成功。

按照隆巴尔多和艾兴格的学习提升研究，成人的学习发展，70% 来自体验，20% 来自社交，只有 10% 来自课程、讲座等知识型学习。因此上课学习只解决了 10% 知识层面的基础问题，而更重要的 70% 需要在实践中锻炼成长，另外 20% 则是基于实践获得的反馈与认知提升。企业家需要在那 70% 和 20% 上有意识地投入更多时间去提升新任管理者的转型速度。

（1）多观察下属的行为，发现他们的优势和短板，适时为他们提供轮岗转换平台，促进 70% 的实践效果。

（2）主动与下属加强绩效反馈交流，帮助他们从实践中总结经验，找到改进方向，引领他们看到未来发展方向。

阿里巴巴对于辅导下属有一个 16 字方针：我做你看，我说你听，你做我看，你说我听。企业家多对新任管理者做成长提升的辅导、反馈，也就在团队中树立起了关注人、培养人的示范，这种做与说可以帮助下属尽快建立角色认知、实现转型。

空降高管高效融合

企业在快速发展过程中，一定需要长出与原来不一样的组织能力。这种能力如果完全靠自己试错摸索，不仅时间耗费巨大，而且可能代价不菲，这时就会选择从外部引进成熟的人才来弥补短板。

企业家的愿望是美好的，现实却是残酷的。很多花高代价请来的高管,过往的业绩经历很亮眼,在面试评估考察中也表现出了巨大潜力,但入职几个月后就感觉不对了,业绩不如人意,甚至引来团队指责声一片。有些外来高管走不出团队磨合期,结果一蹶不振,失败出走,企业只得再寻找下一位空降高管,陷入往复循环……

■ 案 例

从意气风发到挫败连连的空降高管 W 君和 A 君

W 君原是某高奢酒店的运营负责人,擅长酒店运营管理和销售推广。2018 年初加盟新锐品牌餐饮 F 公司,出任运营总监,负责该品牌旗下的门店运营管理。一到任,W 君以他专业的运营管理经验、雷厉风行的工作风格,得到了 CEO 的认可和赞许。W 君也意气风发,打算大展拳脚,带领团队取得漂亮的业绩。

事情并不总是一帆风顺的。3 个月不到,W 君就从"相看两不厌"的入职蜜月期,陷入"看啥啥有毛病"的磨合期。

W 君的挫败苦恼:"老板既要业绩和利润,又要培养'土著'团队。团队能力弱,执行力还差。安排他们工作任务,经常完不成。我要做节日营销方案,想着先让他们讨论讨论吧,结果他们要么想不出方案来,要么就整出个不切实际的方案。老板也经常添乱,直接越级给我的手下布置工作,我都不知道!"

CEO 不以为然:"团队成员是和门店共同成长的一批干部,他们确实能力欠缺,但 W 君只是给予负面评价而看不见团队成员的优势,没有接纳和凝聚团队。这样怎么能带着大家一起往前走?"

"土著"团队一肚子委屈:"W 君说得很有道理,态度也强势。我们说不过他,就只能听他的。可他布置工作,有时候不符合我们的实际情况啊。那就你怎么说,我们怎么做呗。至于做得不好,就不能怪我们了。"

三方各说各理,陷入僵局。

无独有偶，我们辅导的一家国有制造型企业在国家提倡实业大发展的背景下，业绩快速增长，员工规模也快速扩大，企业按照发展规划，积极准备谋求上市。为此，企业通过职业经理人市场化选聘的方式从外部聘请了有外企 500 强工作背景的财务总监 A 君，来加强内部财务体系规范化建设，为后续上市提前做好准备。A 君来到该企业后，首先对财务管理体系进行全面整改，大大降低了企业财务风险；梳理了企业的股权结构，规避了股权风险，并提出了明确可落地的股改方案；联系了外部专业证券辅导机构，为企业制订上市辅导计划……应该说从目标层面，A 君完全满足要求甚至超额完成了自己的任务。但是我们在访谈中发现，企业核心管理团队对 A 君颇有微词，觉得他的很多想法都不贴合国企的文化背景，而 A 君也对企业的核心管理团队有很多不满，觉得大家因循守旧，不能用专业精神来大刀阔斧地落实改革要求，更换人员。

显然，无论是 W 君，还是 A 君，他们都在面临空降高管"磨合期困境"。

据不完全统计，中国企业引进空降高管，成功率不足 20%。即使是能存活保留的空降高管，也通常需要 1 年左右才能真正完成与企业和团队的磨合，远远长于普通员工的磨合期。

一方面，成长期企业需要从外部适时引进高管；另一方面，空降高管的"磨合期困境"也带来团队内部分化撕扯，影响企业当期业绩成果，磨合失败还会给企业的成长带来伤害。那么我们对这种"磨合期困境"真的无计可施吗？

空降高管融合面临三大核心冲突

要打破空降高管的"磨合期困境"，我们需要从底层找到双方难以融合的本质影响因素，明确核心冲突，然后再有的放矢地予以解决。

1. 核心冲突一：发展要求与传统习惯的冲突

在《企业生命周期》这本书中，伊查克·爱迪思生动地描绘了成长期企业引入职业经理人后的场景：新人的到来是要使公司的决策更专业化的，所以他会建立一系列规则和政策来帮助公司用机制实施管控，但是创始人团队还习惯于过去那种"干、干、干"的氛围。新人带来了新要求，改变了公司以往的旧传统、旧模式，文化调整转变显现出挑战，旧有人员用抱怨、旁观等各种方式抵触所受到的威胁与冒犯，"磨合期困境"由此出现。

这一冲突背后其实隐含着一种悖论，"一方面，创始人在寻找一个'像我们大家的人'，另一方面又希望这个人'做我们做不到的事情'"。这种自相矛盾的背后，其实是成长期企业对未来文化需要与当下文化调整反差的不适应，而空降高管成为这种文化反差的冲突爆发点。

2. 核心冲突二：组织期待与新人心态的冲突

成长期企业引入空降高管，往往是自己内部反复尝试不得其法后的选择，因此常常会对新人抱有仰视的目光或较高的期待，尤其是给了新人远超老人的薪酬水平时，更希望新人能快速实现大产出。

而空降高管加入组织之初，如沙因在《过程咨询》一书中对团队建立与维护过程所描绘的那样，他会期待尽快明确自己的角色，能在团队中形成控制力与影响力，并因自我的成功或价值而得到团队成员的认可与赞赏，因此他是满怀期待、紧张不安又跃跃欲试的。

此时企业如果抱着"你来证明成功"的心态，而空降高管又急于求成，往往就容易出现新人生搬硬套、推新失败的不良局面，企业会觉得这人"能说不能干"。这时，双方如果不能共同深刻复盘查找失败原因，空降高管就可能会走向另一个反面——小心翼翼、不做不错，结果企业更加失望，进而舍弃他。

因此在空降高管引入前及引入过程中,成长期企业须明确对新人的产出期待,并主动地帮助他们度过磨合期。

3. 核心冲突三:岗位环境与新人经验的冲突

由于各自的业务模式、经营理念、资源优势、发展阶段及创始人性格等方面的差异,不同的企业即使提供同样的产品或服务、岗位名称相同,所对应的环境因素也可能会有巨大差异。新人过去的经历听上去再辉煌,也有其局限性:可能只熟悉外企文化或互联网文化,不了解创业期民企文化;可能更熟悉地面一对一推广的销售模式,不擅长面向政府、知名企业大客户的长周期谈判等。这种空降高管以往的经历与企业岗位环境间的不一致也会带来磨合期的冲突。

回到案例场景中,我们对 W 君空降前作为运营负责人的过去经历与当前岗位的环境,从企业阶段、责任要求、工作习惯和工作团队四个层面做个简要比较,具体如表 8-2 所示。

表 8-2　W 君过去经历与当前岗位环境对比分析

	W 君过去经历	F 公司岗位环境
企业阶段	外资连锁品牌酒店,企业处于成熟期,品牌声誉度高、影响力强,销售稳定	本土海派餐饮连锁店,企业处于创业期,品牌声誉度不高,销售压力大
责任要求	W 君负责酒店销售和运营推广,不做全面负责	W 君对门店的最终业绩和利润结果负责
工作习惯	强调标准化、规范化操作,沟通以正式会议、电子邮件为主	员工合规意识一般,操作比较随意 电话、微信、钉钉都是沟通工具,随时有事随时联系,但没人记录跟踪
工作团队	等级严格,逐级汇报 "目标管理,结果导向"已成为管理人员的常规意识 团队习惯于自上而下地制定决策和执行,就事论事地分析问题,"边打仗边调整"	团队规模小,没有什么层级观念,总经理习惯直接向下面指派工作 管理人员习惯强调自己的过程付出,而忽视目标达成情况 团队负责人都是从一线操作人员晋升而来的,管理能力和经验不足,对指令的执行不严格,有的固执己见、一意孤行,有的重视"关系",还有的"跟着感觉走"

从表 8-2 的分析来看，W 君面临的不仅仅是下属团队能力弱、老板管理风格差异等问题，他自己对于企业经营环境的差异、岗位责任要求的差异、不同团队的工作习惯等也缺乏清晰认知与深度理解，导致工作中的规则方法、语言风格不一致，影响团队信任与配合。

五大方面促进空降高管高效融入

空降高管"磨合期困境"，既有成长期企业自身跨越文化差异带来的冲突影响，也有双方因彼此期待不同、岗位环境差异等造成的工作方式方法不匹配。这就要求企业一方面要给予空降高管理性客观的定位与预期，始终关注他们新思想、新方法方面长处的发挥；另一方面要主动帮助空降高管全面了解组织情况，引导他们融入。我们给出以下五方面建议。

（1）**摆正位置，合理期待**。对于外部人才带来的转化成果给予合理的期待。组织变革不可能一蹴而就，外部引进的人才也不是救世主，不可对其有过高的期望。企业家要把引进的人才与团队中其他管理者放在同一层面公平对待，在薪酬上可以因为市场化水平而差异设置，但在考核上还是要以明确的业绩目标为准。

以我们的经验来看，新加入的高管适合先以一个低一点的位置切入，把他放在太高位置上容易导致"捧杀"。当我们对新人期待过高时，可能会过于美化新人，新人也可能自满膨胀。企业家明明发现了其不合适之处，不好意思及时指出，团队其他伙伴更加讨厌排斥，结果双方潜藏的不满越来越多。

从组织隐性动力理论来看，先到者在组织系统内的位阶（尊重优先度）一定高于后到者，因此我们特别提醒新加入的高管，要给予企业原有伙伴充分尊重。就算你加入进来是做企业的二号位、三号位，要想获得大家的信任与认可，也必须从赢得基层人心开始。

（2）**包容差异，给足空间**。空降高管带来的是其他企业不一样的经验、做法、视角，所以他们看到的问题、提出的见解，和企业目前的做法肯定会有差异，而这也正是引进外部人才的目的，是企业改变的开始。我们要客观地看待差异和冲突，在一定程度上接受、容忍冲突，切不要急于否定引进的人才。我们要给新人充分了解企业的时间，给他们新方案在内部尝试调整的空间。因此在初期，企业家要有理有据地为调整创新提供态度或资源上的支持，允许其逐步产出成果。

（3）**客观介绍，深度引导**。在空降高管到来之前，企业一定要主动给他们提供关于企业文化的详细信息，包括企业的文化价值观、工作流程、组织结构和团队特点等。在空降高管到来后，企业家本人或者专门的高管担任空降高管的融入引导伙伴，有意识组织高管团队的阶段性聚会，加强彼此的沟通，介绍其参与不同部门、团队的会议、培训、活动，为其创造更多接触渠道。此外，引导伙伴还应有意识地给空降高管介绍企业中一些隐性的习惯做法、内部关系和人际网络，促进他们快速、全面地了解企业，并在内部尽快建立起自己的人际关系网络。

（4）**用其所长，循序渐进**。企业聘请空降高管的重点是要弥补组织缺项，因此对其千万不能贪大求全。企业家要观察并发现他的特长能力，用其所长，对其提出的方案、经验，要了解背后的原因，结合组织当下需求合理运用，切忌"拿来主义"。当然，空降高管自身也应该充分说明调整方案的原因、优劣，邀请相关人员结合企业现状，共同探讨适合企业的做法，从小范围的尝试开始，以点带面，通过创新的实际成果逐步推动变革的发生。

（5）**绩效导向，复盘交流**。企业应该创造新老团队共同面向经营目标的定期交流会议，如月度或季度经营复盘会。会议核心锚定企业的经营业绩目标。空降高管可以带领核心管理团队，定期回顾复盘，边实战边检讨，借经营实战中遇到的问题对团队做培训，同时将培训的成果应用在经营实战中，以提高经营业绩和团队经营管理能力，实现"围绕经营,以战代训,借假修真"。

总的来说,成长期企业需要不间断、规律性地主动引进外部人才,以丰富企业人才的多样性,改善队伍的层次结构,增加更多的视角、经验,而不是出现某个问题、需要填补某个空缺时,才被动、紧急地找外部人员来解决。企业家一定要主动规划思考、提前布局推动,在新老融合的真高管团队打造中,对所有人秉持着一致的业绩衡量原则,同时主动承担起文化传播、关系引导的首要责任,亲自向空降高管讲解自己对企业长期发展、做事准则、价值观的思考,传达给新人最准确的要求。另外,也要在团队中明确不同高管的定位与职责,更好地促进不同文化、不同个体间的融合与协同。

老功臣发挥新能量

成长期企业走到今天,当下的成功离不开创业期伙伴早年的艰辛付出。从创始人角度看,与创业元老间,无论是一起打过的地铺,还是一起吃过的泡面,甚至是大家一起背负过的外债,都是过去拼搏岁月中不能忘却的纪念。

因此当发现创业元老不能满足企业当下的要求时,创始人从情感角度,往往无法迈过自己心中的那道坎,难以客观、理性地处置问题。

■ 案　例

左右为难的王总

王总作为一个拥有数千名员工、总资产过百亿元的生产型企业的董事长,一方面非常欣喜企业这一路走来有诸多成绩与荣耀,另一方面又暗暗忧愁陪他打下江山的那些创业元老的安置难题。

王总非常感激那些创业元老早期付出的心血和汗水,从未亏待这些有功之臣，集团核心要职过半数均由跟随他多年的元老担任。但随着外部竞争越来越激烈，王总逐渐发现原本立下过汗马功劳的创业元老已跟不上企业发展的步伐了，甚至正逐渐成为企业发展的障碍。

企业跃迁需要稳健更替功勋团队

从组织发展的自然规律来看，伴随着组织从创业期到成长期，再到成熟期，人才标准一定会不断变化，对人员的能力要求会逐步增高。正如达尔文进化论所揭示的，适者生存是自然界的生存法则。这一点，无论是企业面向市场环境，还是企业中的个体面向组织环境，都适用。所以，如果企业要跃迁到新的阶段，人才的更替，尤其是高管团队的更替就是无法回避的问题。

在实践中我们看到，创始人在这个问题上反复犹豫，容易给企业带来两种明显伤害。

（1）山头林立，互不相让，内部分裂，内耗严重。企业规模变大后，创始团队必然会相互分工，各管一块，各有想法。这时，如果创始人没有充分花时间与大家统一思想，或者面对未来的发展，自己也不能果断决策，内部就会各行其是，即使形式上是集体决策，但实际行动上各个元老如如不动，结果下面员工主要精力用于内部站队，而不是面向客户。

（2）能力欠缺，行动保守，产出低效，团队"躺平"。有的创始人明知道一些高管能力不足就是舍不得放弃，在企业内将他们一会儿换到这个位置、一会儿换到那个位置，结果位置更替不但没有带来业绩上升，反而像传染病一样，低效问题从一个条线波及另一个条线，下面能干事的人看不到希望，整体出走，留下的员工则以应付任务为主或学着溜须拍马。

美的集团高管团队新老更替的做法

对于高管团队的更替创始人需要拿出"壮士断腕"的魄力，通过内外团队的交融推动企业不断向前发展。

如果说在这方面有做得比较出色的标杆企业，那么美的集团当仁不让。美的集团是中国白色家电的领军企业，在它发展的早期，创始人何享健就通过内退元老、外引高管等方式，带领美的走出了发展困境。

■ 案　例

美的是从1968年的北滘街办塑料生产组起步的。20世纪80年代创始人何享健凭着敏锐的市场嗅觉，带领企业从制造风扇开始，进军家电行业。1992年，美的集团成立，并进行内部股份制改造。1993年，美的集团在深交所上市，成为中国第一家由乡镇企业改组而成的上市公司。

看上去，美的前途一片光明，但是公司上市后发展没几年，就陷入了困局：1996年，美的空调销售从以往的全国前三跌落到全国第七，1997年美的空调销售额进一步下滑。在内部会议上，美的市场端高层用了"伤心、痛心、灰心"来表达心情。

关键时刻，创始人何享健果断表态："必须改革，改革是唯一的出路！"

他认为当时的管理团队年龄偏大、学历不高、知识水平低，阻碍了公司的发展，因此决定，劝退一部分创业元老，提拔年轻人，同时实行"事业部改制"。这个决定一出，众人一片愕然，特别是跟着何享健打下江山的元老们，纷纷指责何享健。

何享健没多说什么，让秘书搬出一台电脑，说："试试看，你们谁能玩得转它？谁行，我就立即提他一级。"众多元老面面相觑。

何享健对这群元老虽然从私人情感上很是不舍，但从大局出发，他认为公司的利益才是第一位的，如果公司没了，众多员工的饭碗也就没了。因此，他先后劝退了10多名创业元老，同时提拔了50多名职业经理人。

何享健按照产品类别建了5个事业部，权力下放，"有事自己拿主意，业绩是标准，能者上庸者下"。

何享健还换掉了90%的老销售员，取而代之的是从全国招来的150名大学生。

刮骨疗毒带来的是美的业绩的飞速增长：

- 2000年销售收入达到105亿元，仅用4年就完成从30亿元到100亿元的跨越。
- 2001年销售收入突破140亿元，是1997年的4倍多。
- 美的后续又从空调行业走向整体白色家电行业，2022年美的集团在《财富》世界500强中排名第245位，牢牢占据着家电产业第一阵营的头部位置。

从美的的案例中，我们看到企业正向完成高管团队新老更替对于企业快速增长有着极大的积极意义。

二维矩阵区分四类元老，用其所长，稳健更替

为了企业长期发展，创始人必须问问自己的内心，对于这家企业，未来我到底希望它变成什么样子？是维持当下的规模，能够生存下去就好，还是要突破发展走向更高的阶段？克服内心障碍，帮助奔跑的火车在行进中稳健实现火车头的更替升级，这是创始人必须有勇气做出的决策之一，无人可以代替。

当然，面对创业元老，在更替过程中创始人还是要以真诚开放的态度、积极稳妥的方式帮助他们找准位置、顺利退出，尽量降低对企业及个体的双重伤害。总体原则就是"区分类别，用其所长，稳健更替"。

对于跟不上企业发展的创业元老，我们认为可以从理念态度和能力

培养两个维度进行细致分类。

（1）**理念态度**，是指对于企业所倡导的价值观、发展要求等的认可程度，行为表现上一端是积极认可、主动响应，而另一端则是被动应付、消极不动。

（2）**能力培养**，是指面向未来的潜力提升可能性，行为表现上一端是愿意积极投入学习、改变，原有底层素质具备较大的可优化提升空间，而另一端则是学习意愿低、知识基础弱，优化提升潜力低。

通过对理念态度和能力培养两个维度进行积极、消极行为表现的区分，两两组合即可得到功劳型、发展型、分歧型和自满型四大类别（见图 8-2），再针对每一类别的特点差异化应对。

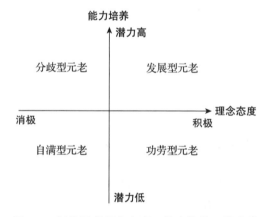

图 8-2　创业元老理念态度、能力培养二维分类

（1）**态度积极但潜力较低的功劳型元老**。可以让他们成为企业的荣誉功勋，在名分上给予较高的位置，在收入上提供保障，继续发挥他们精神教导的积极作用，使其成为企业变革的积极支持力量。这些老同志往往严于律己，言行上为员工所认可，企业对于他们妥善安排，会让员工感受到企业的积极善意。例如，华为在发展过程中，也曾经面对一批业务老帅如何妥善安排的问题，华为就在职级体系中向上增加了一层资

深副总裁，让老帅有位可坐，而不需要他们直接带兵打仗。

（2）**有继续发展事业的意愿，也有一定培养空间的发展型元老。**可以给他们做事与学习的机会，发挥他们的专长，助力他们再次成功。他们往往正值壮年，对于未来发展还有一定探索欲望，但或是因为前期忙于具体业务疏忽了学习提升，或是因为经济上的富足懈怠了学习提升。企业应该通过对他们提要求、搭配互补伙伴等方式，助力他们在新领域获取新的成功，重新激发他们的创业热情，让他们成为企业变革的推动力量。

（3）**有一定能力，但是在理念态度上与企业当下发展要求不一致的分歧型元老。**可以给他们一个独立的发展空间，让他们作为新领域的探索者，通过业绩验证他们的想法与能力。在创业发展中，往往会有很多不确定性，大家在发展路径上会有分歧，一部分元老理念的不一致就会带来决策、行动上的不统一。企业如果有可能开辟出第二发展空间，就可以让他们成为企业变革的探索力量，用小投入尝试不同的方法，但是在结果上以业绩论成败，不让观点的分歧分化内部。

（4）**理念态度消极，在知识能力上也不愿意改变的自满型元老。**可以给他们经济上的补偿，实现好聚好散。他们往往由于过往的成功，沉湎于过去的成绩与行为方式，抱着旧有观念不愿意改变，变成企业变革发展的阻碍力量。对于这样一群元老，企业一定要果断处理，避免他们在内部传播负面情绪。但是考虑到他们以往的付出，可以在经济补偿上予以宽松对待。例如，我们在一家企业实施股权激励时，就特别设置了一部分司龄股奖励，来认可老员工以往的牺牲和付出，但是这个奖励在各项因素中所占的比重会逐年递减，降低的比重会增加到绩效因素中，这样五年后依据绩效分配股权的比重将达到50%以上，既保障平稳过渡，又面向未来发展。还有的企业会用一次性买断的方式，回购这类老员工的原有股份或者向他们给予相应补偿金来实现其顺利退出。总而言之，企业可以运用一时的经济利益补偿来认可元老以往的付出，但绝对不能允许负面影响持续阻碍企业发展。

图 8-3 显示了对于以上四类元老对应的四种处理建议。

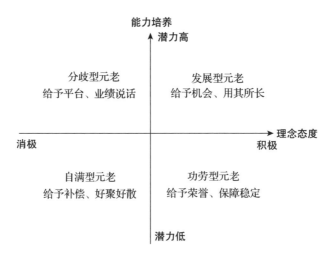

图 8-3　对四类创业元老的处理建议

面向未来，真诚沟通，达成共识

以上我们所说的种种建议要想真正发挥效用，过程中进行密切而真诚的沟通是必不可少的。坦率地说，大部分创始元老对于企业都还是有着不舍的感情，毕竟企业也是自己挥洒过汗水的地方。因此，面对创业元老的不适应，创始人要加强与他们的沟通，实现同频。

首先，请创业元老一起参与研讨企业未来发展的方向、路径与目标，让他们都能站到同一个高度，面向未来发展的需要，认识到新陈代谢对于企业的重要性。

其次，站在企业发展角度共同商讨、确定人才管理的标准与制度。通过机制的建立，把过去对人不对事的管理习惯，转换为对事不对人，把对于功劳、苦劳的主观性衡量用相应的绩效评价、激励分配机制来替代。

最后，在情感上充分交心，让创业元老感受到创始人对于过去深厚情谊的认可，听取他们的真实所想，也请他们换位思考。

通过事的层面明理，情的层面感化，最终对留下的元老激发动力，对离开的元老送去祝福，让他们即使不再是工作伙伴，也可以成为合作助力。

企业家在人才培养过程中，要像一个辛勤的园丁，对于要打造的人才花园用长远的眼光规划整体蓝图，用科学的手段培育不同花木，还要用尊重呵护多样性。

■ 本章小结

1. 在选拔优秀专业骨干提拔为管理者时要避免陷入以往专业的"优势陷阱"，要更多关注其管理意愿与能力，在提拔后促进其在角色认知、时间分配和管理技能三方面快速完成转型。
2. 面对空降高管，要看到他们"磨合期困境"背后有组织自身跨越文化差异带来的冲突影响，也有双方相互期待不同、岗位环境差异的影响，要放平预期、明确产出，用平等、尊重的心态，以业绩为核心评价标准，加强内部交流沟通，主动助力其快速融入。
3. 面对创业元老，既要克服情感障碍、勇敢决策，也要牵引他们共同规划、构建机制，按元老们的理念态度、能力培养潜力差异化对待，用其所长、稳健更替、内外融合，用完美团队来代替理想个体。

■ 企业家诊断与思考的问题

1. 我们提拔的优秀专业骨干，他们的管理意愿与能力如何？与新任岗位的能力与素质要求匹配度如何？
2. 我的下属们拥有的特长能力有哪些？什么样的职位更适合发挥他们的所长？

3. 现有人员存在什么明显短板？这个短板问题是否直接影响产出贡献？
4. 对于×××，我期待他的核心产出有哪些？他的表现差距是什么？差距背后的原因有哪些？
5. 过去的创业伙伴，从理念态度、能力培养两个维度来看情况如何？如何牵引他们发挥各自的长处、推进企业变革？

■ 延展阅读

《**领导梯队：全面打造领导力驱动型公司**》，作者拉姆·查兰、斯蒂芬·德罗特和詹姆斯·诺埃尔。该书将领导力发展概括为六个阶段，即从管理自我到管理他人，从管理他人到管理经理人员，从管理经理人员到管理职能部门，从管理职能部门到事业部总经理，从事业部总经理到集团高管以及从集团高管到首席执行官。该书对五个管理层级跨越的常见问题，从领导技能、时间管理、工作理念三个方面进行了详细分析，并提出改进建议。

PART 5

第 5 篇

论赏罚

管理革新五力模型之驱动力

CHAPTER 9

第 9 章

绩效管理

盯"过程",拿"结果"

管理大师德鲁克曾经说过:"检验管理成败的唯一权威是绩效。"然而很多企业的绩效管理往往都流于形式,最后以失败告终。

某知名调研机构的研究表明,58% 的被调研雇主认为绩效评估是在浪费时间,只有 8% 的雇主相信绩效评估可以推动企业发展。然而,另一份对众多企业 HRD 的调查结果却显示,超过 80% 的被调研企业仍然把绩效管理作为重点工作,同时,超过 50% 的被调研企业计划在年内建立、修改和优化绩效管理方案。这份调研报告还显示,超过 50% 的企业正在加强目标制定和过程管理,同时,注重战略目标的逐级分解与部门之间的对齐协作。

由此可见，绩效管理真是一件让人又爱又恨的事情——它很难、很容易失败，却又不得不做。本章将通过对以下几个话题的探讨，帮助企业厘清如何做好绩效管理。

（1）绩效管理常见的误区有哪些，我们应该用什么样的视角看待绩效管理？

（2）在绩效管理的实施中，到底应该更关注结果还是过程？

（3）在绩效管理的实施中，应该怎么设计合理的绩效指标？

（4）如何通过经营复盘会议为绩效目标的达成保驾护航？

三大视角认知绩效管理

回顾我们在咨询项目中遇到的上百家客户案例，我们发现企业绩效管理失败的原因主要分为以下三个层面。

- 技术层面，包括指标设定与战略脱节，指标无法量化等。
- 过程管控层面，包括缺乏过程回顾、分析改进、绩效反馈等。
- 认知层面，主要是企业家、管理者甚至 HR 对绩效管理的认知有偏差。

在以上三个原因中，如果要找最关键的一层，那一定是认知层面的原因。因为认知决定思维，思维决定行为，行为决定结果。

绩效管理的五大认知误区

因此，企业家及管理者要想把绩效管理做得更有效，不妨先随我们来了解一下绩效管理中常见的五大认知误区。

（1）误区一：**绩效管理是 HR 的事情**。HR 是推动绩效管理的黏合剂和方法论专家，但不要指望 HR 比业务管理者更懂业务，各个业务管理者才是绩效管理的首要责任人。就像德鲁克在《卓有成效的管理者》一书中提到的，"有效的管理者并非为工作而工作，而是为目标和成果而工作"。因此，为结果负责是业务管理者的第一要务。

（2）**误区二：绩效考核就是凭感觉打分**。论语有云："不患寡而患不均。"绩效考核中也是一样的，我们要努力让员工获得公平感。如果管理者凭感觉评分，就会使员工感觉不公平，不知道怎么努力，甚至放弃努力或者吐槽质疑。然而现实中，往往是当员工提出质疑的时候，出于人性和所谓的"公平"，管理者通常会选择在下一次评分的时候把差距尽可能缩小，久而久之就变成了我们常说的"大锅饭"模式。这样做的结果会导致劣币驱逐良币，优秀的人才离开，一般的人才反而留下。

因此，客观可衡量是绩效考核的核心基础。不能衡量就很难做到公平，更无法做到有效管理和改进。

（3）**误区三：绩效考核就是为了发奖金，反正差异不大，闹着玩**。绩效考核结果必须与大家的最终利益（如激励奖金、职级调整与晋升、薪酬调整、培训成长等）挂钩才能被人重视。俗话说得好，"奖要奖得心动，罚要罚得心痛""既不心动，也不心痛，就会一动不动"。

如果没有建立基于绩效的全面薪酬激励体系，并且合理拉开差距，实现绩效考核结果的全方位应用，那么所有人都只会认为绩效考核是一种形式，也就没有人会真正去重视它。

（4）**误区四：绩效考核就是为了分清责任，会导致扯皮推诿**。现实中的确会存在这样的情况：有些企业在推行绩效考核前团队内部氛围和部门协作都还可以，但是推行绩效考核之后却发现部门协作变得不畅了。这是因为绩效考核设计会一定程度地导致部门与个人、部门与部门之间博弈，比如部门为了完成各自的KPI而互相抢夺资源，忽略了与其他部门的协同，这种博弈我们称为零和博弈。

解决零和博弈的关键是，引导大家跳出来，站在更高的层面看问题，比如在企业层面建立正向或者增量的激励机制，以促进各部门、全体员工形成利益共同体。

（5）**误区五：绩效管理就是年初定目标、年底得结果**。有的企业认为，绩效管理只是在年初定一个目标，到年底验证结果，甚至认为绩效管理能解决所有问题，只要设计一套科学合理的绩效考核指标和结果兑现机制，员工"无须扬鞭自奋蹄"。可以说，这其实是一种不切实际的期望。

指标设定和结果兑现只是绩效管理中的两个环节，我们还需要在绩效管理过程中持续投入精力，如过程中的复盘和纠偏，能力的培养和关注，经验的萃取和应用，人员的配置和分工调整等。因此，绩效管理不可能直接解决所有问题，但有效的绩效管理能帮助企业识别问题并推动改进。

简而言之，绩效考核是企业所有管理者必须掌握的基本工具，想要最大化发挥绩效考核的效用，就要不断澄清和纠正认知误区、厘清绩效管理的整体逻辑，正确认知并有效落地绩效管理，从而带领团队更加高质、高效地实现目标。

绩效管理、战略目标管理、薪酬激励之间的关系

企业管理的核心机制包括价值创造、价值评价和价值分配三部分。绩效管理的全过程——战略目标分解、绩效管理体系搭建运行、薪酬激励体系应用，其实正好对应着企业价值创造、价值评价和价值分配这三个核心机制，具体如图9-1所示。

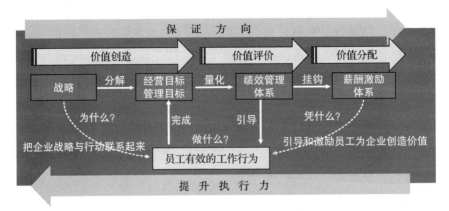

图 9-1　绩效管理与企业核心机制的关系

（1）**战略目标管理体现了价值创造的逻辑**。战略目标管理回答了这样的问题：企业为什么存在？企业如何挣钱？如何创造社会价值？如何满足客户需求？与此同时，因为绩效要支撑战略，所以价值创造的逻辑决定了企业中的各个部门"为什么"要承接某个目标。

（2）**绩效管理体现了价值评价的内容**。绩效管理解决了两个问题：其一，通过绩效管理的过程，让员工把关注点放在"做什么"上面，以此牵引员工的行为；其二，解决"价值评价"的问题，即目标完成的结果如何。在绩效管理中，过程（做什么）和结果（做得怎么样）同样重要，尤其应该关注过程（做什么）。

（3）**薪酬激励体现了价值分配的结果**。大部分企业中的大部分员工，都是被金钱或者激励驱动的。薪酬激励既包括金钱等物质激励，也包括晋升、发展等非物质激励。价值分配解决了员工"凭什么"这么做的问题。通过讲清楚"凭什么"，能最大化发挥员工价值，实现企业业绩增长与正向激励，最终达成员工与企业的共赢。

总而言之，**战略管理指出了"为什么"，绩效管理强调了"做什么"和"做得怎么样"，薪酬激励回答了"凭什么"，由此便形成了一个正确的绩效管理路径**。基于此，我们应该从三个视角来看待绩效管理，**那就是战略视角、改进视角和激励视角**。

正确认知绩效管理的三大视角

1. 视角一：战略视角

在有的企业中，绩效考核指标和战略实现、战略目标没有关联，更多来源于岗位职责和工作内容。然而，正确的绩效考核指标一定要与战略相匹配。那么具体如何制定呢？

我们来看百度和谷歌的案例。

■ 案 例

众所周知，百度和谷歌都是做搜索引擎的。从搜索的角度看，两家公司是同一行业的直接竞争对手。但基于搜索，百度和谷歌走出了完全不同的路，即两家公司基于搜索的战略是不一样的。在某一段时间，百度在搜索上的战略是建立内容生态（贴吧等），希望用户把更多时间放在百度的内容体系中，所以，其核心的绩效考核指标就是用户使用时长，这是由百度的战略所决定的。同样是基于搜索的战略，谷歌则希望建立真正的知识图谱，希望当用户去搜索一个东西时，能够快速给到用户想要的知识体系，而不只是一些碎片化的信息。所以谷歌关键的考核指标是用户使用效率和使用频率，而非用户使用时长，因为谷歌的战略是强调搜索内容的快速精准匹配，所以用户使用效率和频率越高，就表明谷歌搜索越好用。

同一行业中的两个公司，因其战略定位不一样，也就决定了绩效设计的导向不一样。如果两家公司把指标换一换，那可能两家公司的战略都很难实现。绩效管理是通过指标量化和考核引导员工做出正确行为，而正确行为的判断标准就是"战略"。**考核什么，就会得到什么；想得到什么，就要考核什么。**

因此，战略和目标的解码是绩效设计的源头。在设计各个部门和员工的绩效考核指标之前，如果在战略和目标的共创上多花一些时间，内部就容易达成共识，并且将共创过程中梳理的指标稍做整理，就能形成每个部门绩效责任的内容，这样推行绩效管理的可落地性会更强。

2. 视角二：改进视角

绩效管理体系运行中最重要的是绩效改进。为什么这么说？我们可以做这样一个逻辑推演：企业设定的目标一般都有高挑战性，而这些目标的最终达成都要依赖于员工的行为。如果员工的行为没有发生质的变化或者没有改进和创新，这些挑战性的目标可能就难以达成。而在现实中，员工的行为不会自然而然发生转变，其背后有两个驱动因素：一是员工个人的能力和意愿；二是组织环境因素，包括组织架构、职责、流程、权限、信息、激励奖惩以及工具的可获得性等。

很多管理者认为目标设定完成后，只要企业愿意发更多的钱，愿意进行针对性的激励，员工就一定会产出好的结果。但事实上，激励只能解决员工意愿的问题，当员工能力不那么匹配、组织环境各项因素有效性不够的时候，即使拥有高意愿也未必能够有理想的结果。

所以完整的绩效管理既要结果也要过程，要实现"过程中努力，结果上奖励"。这里的"过程中努力"，需要管理者和员工对目标进行周期性和阶段性的复盘，从而及时发现目标偏差，识别问题原因，而后开展有针对性的绩效改进，改变行为，最终实现高挑战性的目标。

综上所述，管理的落脚点应该放在员工的行为变化上。如果企业推行绩效管理后，员工的行为没有发生想要的变化，依旧停留在过去的状态，那么企业挑战性的目标就很难实现。

3. 视角三：激励视角

绩效目标达成后，需要予以结果兑现，即给到员工有针对性的激励。当然这里的激励包括两个层面：其一是精神层面，如对员工的认可、表彰；其二是物质层面，如工资收入、奖金、股权等。

对于物质激励，最关键的是要先思考钱从哪里来，然后再思考钱怎么分。对企业来讲，一个好的绩效设计要引发增量，首先要解决"钱从哪里来"的问题，也就是价值创造的问题。只有锅里有，才能碗里有，这个先后顺序绝不能颠倒。这需要在激励体系和绩效设计的方案上做一些匹配。

其次，在过程中，绩效管理要尽可能做正向的激励，当然难免有一些负向的鞭策措施。要让员工相信，进行绩效管理不是为了扣钱，不是为企业节省成本，而是如果做得好可以拿得更多，要营造和提升更多的正向激励。

最后，要根据绩效考核结果在薪酬激励上拉开差距，加大对绩优人员的激励，将有限的资源花在刀刃上。否则，可能造成绩效考核结果无关痛痒，优秀的人离开，平庸的人留下，这就是劣币驱逐良币。

过程中努力，结果上奖励

结果指标与过程指标

■ 案　例

有一个消费品行业的公司，近两年销售队伍人均效能不断下滑，从最初的人均销售额500万元降至400万元。为了重整销售队伍，老板决定重设绩效指标，加强考核，但分管销售的两级领导，在绩效指标选择上的观点却大相径庭。

来自民营企业的销售总监率先提出了自己的想法："我们应该加大对销售人员的管理力度，定下硬性的绩效指标，完成指标的要加大奖励力度，完成不了的要公示、警告甚至无情地淘汰。"而从外资企业过来的销售副总提出的想法则完全相反："我们不应该过度强调结果。原来管的就是结果，而这样管我们也看到没什么效果。我们应该管理销售人员每天的行为，每天的活动细节。例如，他拜访客户的数量，拜访客户的频次，与客户交流的时长，是否在和客户重要角色对话等。如果过程管好了，你希望的结果自然会呈现出来。"

这就是典型的企业中关于绩效指标选取的争论场景。那么，企业家及管理者应该如何辩证地看待这样的争议？如何根据具体场景平衡好

"过程"和"结果"?

结果和过程缺一不可

在阿里巴巴内部,流传着这样一句土话,其中蕴含的深意值得细品:"没有结果的过程是放屁,没有过程的结果是垃圾。"

1."没有结果的过程是放屁"

从企业的角度来看,所有的工作一定都是为了结果,而不是为了工作本身,因为只有产出结果才能支撑企业的发展。所以,企业不在乎苦劳,只在乎实实在在产出结果的功劳。

当然,这里需要重点提醒企业家及管理者们注意的是:如何定义正确的结果?我们用海底捞的案例来分析。

对于海底捞的一家门店来说,业绩结果通常会被理解为销售额和利润。但试想一下,如果海底捞的绩效考核体系引导所有员工关注的是达成门店的销售额和利润,客户极有可能享受不到"极致服务"。因此,海底捞基于其战略定位,将结果定义为客户满意和员工有积极性,而门店的绩效考核重点也在于这两个结果的达成情况。因为在海底捞的逻辑中,这两个结果达成了,企业最终想要的财务结果也必然会达成。

设想一下,如果海底捞考核员工的行为过程,比如服务员应该怎么微笑、应该如何频繁走动、应该如何与食客聊天,并把这些与他们的奖金收入挂钩,你又会体验到什么样的海底捞服务呢?这些就是没有结果的过程,甚至是可能带来坏结果的无效过程。

因此,**绩效考核要尽量强调结果的达成,其关键在于正确定义结果。**

2."没有过程的结果是垃圾"

那么如果只关注结果行不行呢?答案也是不行的,特别是当该岗位/

人员取得的结果是以下三种情况的时候。

（1）随机型，不可预期。缺乏有效的过程，结果的达成完全不可预期，这会对企业的平稳发展带来很多不确定性和风险。

（2）运气型，不可持续。看似完成得很好的结果未必值得庆祝，因为可能是偶然性的机会或运气所致，不具备可持续性，甚至会让团队盲目乐观。

（3）经验型，不可复制。某个人业绩达成得很好，但都是靠自己摸索出来的隐形经验。如果不能总结、沉淀、分享经验，标准化成团队和组织的能力，就无法复制成功和培养他人。

因此，从组织的可持续性发展来看，科学有效的过程也很重要，有效的过程能大大提高正确结果达成的概率。

3.绩效管理要平衡结果和过程

如果单纯从考核出发，那么强调结果性指标更为重要，因为考核的本质就是看结果，工作的核心产出就是最终的业绩情况，因此毋庸置疑，结果性指标更重要。

但是如果从整个绩效管理体系出发，基于前面提到的战略、改进、激励三个视角，我们会发现绩效改进是非常重要且最花时间的。绩效管理的核心抓手是绩效改进，旨在通过分析目标偏差，识别问题原因并推动组织改进创新与个体能力提升。而考核评价与激励分配则发挥了杠杆和牵引作用。

因此，在绩效管理中过程和结果都很重要，需要平衡和兼顾，关键要做到"过程中努力，结果上奖励"。绩效考核与奖金激励建议以结果为主，引导员工聚焦关键结果，但要确保指标导向的是正确的结果。绩效管理要更强调科学有效的过程，通过不断优化标准作业程序（SOP）和制度体系、提升管理者的教练辅导能力、进行数据分析与召开复盘会议等，引导和提高过程的有效性。

基于不同场景，过程和结果应有不同侧重

从上面的论述可以看出，结果和过程是一体两面的，是需要兼顾和平衡的。而在实际场景中，过程和结果应该有不同侧重，具体可以从以下三个方面来考虑。

1. 岗位层级越高，绩效越强调和关注结果达成

企业高层级岗位，视野最为广阔，拥有的资源也最丰富，他们拥有权力去确定整体的绩效达成方向，进而调动各类资源去促进业绩结果达成。因此，对于高层级干部的考核与选拔，结果指标的达成情况更为重要。

对于基层岗位，往往更强调通过有效的工作行为得到好的结果，企业所有的流程规则本质上也是为了指引和约束有效的工作行为，进而提高结果达成的确定性。因此，基层岗位的考核更应该关注过程。

2. 岗位类型越靠近一线业务，绩效越强调和关注结果达成

岗位类型可以分为前台业务岗、中后台职能岗、技术创新岗。其中，对技术创新岗很难关注过程，因为过程充满了灵活和创新，不是标准化的，而结果又可能是长期才能获得的、具有不确定性的，这也是对这类岗位很难进行常规的考核评价的原因，但企业可以通过创新管理的流程和里程碑节点来关注过程；对中后台职能岗既要关注过程，也要关注结果；前台业务岗本身就是直接出结果的，结果也容易量化衡量，因此对其应更关注结果类指标。

3. 企业业务运作及人员能力成熟度越高，绩效越需要强调和关注结果达成

如果企业的在岗人员能力成熟度很高，对如何拿到好结果的行动很

清楚，就可以更多地强调结果。反之，如果企业的在岗人员能力不足，就应该更多关注过程，通过过程指导，引导和培养员工，从而达成更好的结果。

对企业来说，需要思考的是，如何不断对能力成熟度高的在岗人员的过程进行总结、沉淀和标准化，形成组织能力，以便更好地复制成功和培养新人。

另外，那些探索性的新业务，结果需要一段时间才能得到，也具备很大的不确定性，这时候就应该强调和关注里程碑的突破，而非直接的经济结果。比如，考核产品开发上市的时间点、帮助标杆客户成功攻坚等。

绩效指标设计的五大实操问题

绩效指标设计是绩效管理体系中必不可少的一环。指标的选择与设计决定了绩效管理体系能否有效支撑战略目标达成，能否引导正确的员工行为，能否在管理成本可控的前提下实施落地。

指标设计也存在"一念成佛，一念成魔"的两极现象。指标选择合理了，皆大欢喜，企业与个人共赢；如果不合理，不但无法准确衡量被考核者的真正贡献，还容易带来负面的行为引导，给企业造成损失。

因此，为保障绩效指标合理、有效、可落地，在设计指标时，需要从以下五个方面思考判断指标的有效性和落地性。

1. 指标界定是否明确无歧义

由于指标名称是高度概括的词语，所以不同人对指标的理解会存在差异，例如人力资源部常用的考核指标"招聘及时率"，何为"及时"？需求发起时间和招聘到岗时间如何界定？中高层岗位和一般基层岗位招聘及时的期限标准分别是什么？如果因企业组织架构调整，临时招聘人数远超人力资源部工作负荷时，是否需要设置招聘人数上限或调整计划时限？……这些都需要在设计指标时明确界定清晰，确保相关人员理解无歧义。

从招聘范围、招聘时间、计算方法等多维度对"招聘及时率"进行界定（如表9-1所示），可以很好地避免计算时存在误解或歧义。

表 9-1　某公司招聘及时率指标的界定

指标名称：招聘及时率	
原定义	及时率 = 按时招聘到岗人数 / 招聘总人数
新定义	• 招聘范围：新市场、新项目、管理公司、储备店长及以上 • 在规定时间内将等计划招聘人员招聘到岗且度过试用期，重要岗位（经理级及以上）为30天，其他岗位为20天 • 及时率 = 规定时间内完成招聘的次数 / 计划招聘总次数

2. 被考核者的行为能否直接显著影响指标结果

绩效考核结果如何才能反映员工的真实表现？首先该指标与被考核者的岗位职责要强相关，即被考核者的工作努力程度和行为表现能够直接显著影响指标结果。事实上，有时候某个指标结果与岗位任职人员的努力付出关联性不大，可能更多取决于外部环境或其他不可控因素；也有的时候某个指标结果虽然与被考核对象的努力相关，但指标完成好坏还受其他部门或岗位的显著影响……在针对某个岗位进行指标选择与设计时，应该尽可能考虑这些因素的影响，确保被考核对象的行为对指标有直接显著的影响。

在实践中，有些企业为了促进团队协作、共同达成结果，会设置一些"连坐指标"，也就是让所有部门或好几个部门共同承担某一个指标。这种做法可以理解，但需要谨慎。本质上这是在用考核来弥补组织与流程管理中存在的问题，是"以考代管"的偷懒行为，最后可能导致每个部门都与该指标有关系,但都不重视,或只是被迫接受。

我们更建议企业做到**"指标设计明责任,激励捆绑拿结果"**。在表 9-2 所示的案例中,公司售前技术顾问岗位的绩效指标,更应该选取其能够直接显著影响的"评标项目技术入围占比",而不是"成单率"。因为售前技术顾问虽然对成单率有影响,但销售人员对成单率的影响更大。当然,为了牵引和鼓励他们更好地协作以获得结果,可以设置激励机制,例如,当销售人员和售前技术顾问共同努力拿下某个客户订单后,可以向销售人员和售前技术顾问同时发放奖金。

表 9-2 某公司售前技术顾问岗位绩效指标设计

岗位	售前技术顾问	
职责定位	协助销售人员与客户沟通,确认需求,撰写技术方案,帮助销售人员推动客户签单	
指标	原指标	现指标
	成单率	评标项目技术入围占比

3. 指标数据来源是否准确可信

绩效指标明确后,需要考虑指标数据来源的准确性和可信度。如果按准确、可信的程度来排序,好的考核指标数据来源依次是外部行业平台、内部 IT 信息系统、其他关联部门、本部门自行提供。

当企业选择了一个考核指标并明确结果数据的来源后,可以从以下三方面进行评估。

- 是否有稳定的数据来源支持指标或数据构成?
- 数据是否会被操纵,以使绩效看起来比实际更好或更糟?
- 数据处理是否会引起绩效指标计算得不准确?

比如,"净利润"指标结果的数据往往容易进行处理、操纵,结果可信度不高,但是"毛利润"指标结果可信度就相对较高。

4. 指标数据可否低成本获得

绩效管理是一个管理工具，任何管理工具的应用都需要同时考虑管理成本。如果获取指标数据的成本高于其带来的价值（管理价值、结果应用价值总和），那么企业就需要考虑该指标是否可替换。

如表 9-3 所示的案例中，公司软件设计师岗位的绩效指标有一条是质量目标达成。在原来的考核中，用代码的 Bug（指程序错误、缺陷）数来衡量质量的好坏，而实际运行时却发现，在编程工作中，小 Bug 其实很多，但是它们只要被快速调整就不会带来什么影响，而记录和统计 Bug 数量极其琐碎，甚至要耗费部门文员的大部分时间与精力。因此，公司在调整后的指标定义中明确了只计算大的且会带来一定损失的 Bug。这样的抓大放小，不仅能带来数据统计上的简化和快捷，还能引导软件设计师关注主要问题。

表 9-3　某公司软件设计师岗位绩效指标

考核对象	软件设计师	
考核指标	质量目标达成	
指标界定	原界定	调整后
	记录所有 Bug 数量，进行统计	统计严重 Bug 数量并严格控制 严重 Bug：客户损失 + 人力成本 + 外包费用 =7000 元以上的 Bug 人力成本：历史数据按 1200 元 / 人·天核算，实际 Bug 成本按实际支出

5. 指标是否存在负面行为引导

绩效考核是一把双刃剑，如果指标设计不合理，员工为了个人业绩达标而在工作中弄虚作假，最后受损失的往往是企业。因此在设计指标时，我们需要站在被考核者的角度自问自答："为了达到好的考核结果，我可能会采取什么行为动作？"在表 9-4 所示的案例中，就描述了错误的绩效指标导致 IT 人员产生错误行为的现象。

表 9-4　某公司 IT 岗位的错误绩效指标

指标	考核初衷	可能存在的负面引导
IT 人员：月均解决问题的次数（50 次/人·月）	激发 IT 人员主动性和提高人效	IT 人员人为设置系统障碍，以达到考核目标

"魔鬼藏在细节处。"指标设计阶段对细节的全面考虑与把控至关重要，任何一个小细节都会导致考核结果不严谨甚至无法计算。如果在设计指标时，我们对每个指标都从以上五个问题出发进行评估判断，那么考核指标的落地性和可信度将大大提升，考核结果也更容易被认可。

开好经营复盘与绩效改进会议

组织最大的低效：惯性、重复地埋头苦干

埋头苦干，乍一看代表了勤奋，勤奋怎么还能低效呢？埋头苦干本身当然是没错的，但如果我们只是"惯性、重复地埋头苦干"，就可能是组织最大的低效，因为这意味着组织很有可能存在两大方面的缺失。

（1）**缺乏目标导向**。也就是我们常讲的"只顾埋头拉车，忘记抬头看路"。企业很多时候是在用战术的勤奋掩盖战略的懒惰，在方向和目标不清晰的前提下，一味埋头苦干。

（2）**缺乏改进创新**。无意义、低水平的重复是组织低效的常态，就像沿着旧地图找不到新大陆。我们都有个共识：绝大部分企业都面临挑战性的目标，挑战性目标的达成需要员工行为改进做支撑，而员工行为改进背后又需要组织环境和员工个人不断改进提升。

组织最大的浪费：让持续生成的经验智慧白白流走

组织在日常运作过程中，每次客户谈单、每次供应商谈判、每项生产交付、每次会议沟通协调等，都伴随着大量经验和智慧的生成，而这

些经验和智慧都是因为企业投入了相应的人力、精力和财力等资源才获得的。

但在绝大多数情况下，这些经验智慧仅仅停留在个体身上，当有一天这些有经验的个体离开的时候，企业才突然发现面临三重困境。

（1）这些熟手骨干不管是假提离职真想加薪，还是真正离开，企业都是被动的，企业对他们过于依赖。

（2）熟手骨干离开后，新招的人员进来，还得从头再摸索一遍，过去踩过的坑依然要再踩一遍。

（3）新人进来后，也有可能因为缺乏指导和带教，不能快速胜任工作，甚至最终不得不离开。

这就是很多企业面临的最大浪费所在，**大量的经验智慧停留在个体，没有萃取沉淀成组织的知识与智慧。**

经营复盘与绩效改进会议：弥补组织最大低效和浪费的最佳实践

总结来看，组织最大低效和浪费在于三点：缺乏目标导向，缺乏改进创新，缺乏知识沉淀。而同时提升这三点最有效的管理工具就是"经营复盘与绩效改进会议"。

什么是经营复盘与绩效改进会议？这是在战略目标拆解后，执行过程中最重要的管理抓手，即针对经营目标展开客观的偏差分析，探究偏差背后深层次原因并落实绩效改进行动，在推动当下经营目标达成的同时提升长期组织能力，实现既打胜仗又锻炼队伍的双重效果，具体如图9-2所示。

许多企业都有定期的经营复盘会议，但现实情况是，这样的会议在CEO和管理者心中，可以总结成八个字："食之无味，弃之可惜"。如何才能开出有价值的复盘会？我们将从会议流程、角色和内容三个方面介绍好的实践做法。

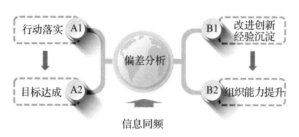

图 9-2　经营复盘与绩效改进会议

- **流程方面**：设计会议流程（会前、会中、会后）。
- **角色方面**：明确各方角色（如何说？如何听？如何组织？）。
- **内容方面**：清晰汇报内容（经营复盘与绩效改进五步法）。

经营复盘与绩效改进会议的流程

首先，关于会议时间和频率。一般情况下，企业整体层面的经营复盘与绩效改进会议频率以月度为宜，每季度一次的周期可能拉得太长，不利于经营目标的及时跟进与策略、行动的快速迭代。对于组织规模不大且业务变化速度很快的企业，甚至可以考虑每双周一次。

其次，关于会议流程。企业层面的经营复盘与绩效改进会议具体流程及关键点如表 9-5 所示。

表 9-5　经营复盘与绩效改进会议流程

阶段	各部门中层	会议组织者	CEO 及高层
会前	根据各部门复盘内容模板要求准备复盘材料并提前提交	提前 2 天收集汇总各部门复盘汇报材料并反馈修改意见，提前 1 天汇总发给所有与会人员	对各部门复盘汇报材料进行提前审阅与深入思考
会中	依次汇报部门月度复盘分析内容，其他部门提问或回应所需支持及配合的承诺	主持会议、控场、专题讨论引导、会议纪要现场撰写	提问、反馈和引导沟通，分享企业整体经营目标完成情况及重大信息
会后	根据会议纪要明确的责任分工，落实相关工作。召开部门内部会议，明确本部门下个月度工作目标与计划	发出会议纪要，并跟进落实情况	关注关键计划进展并适时给予支持和帮助

经营复盘与绩效改进会议中的各方角色

经营复盘与绩效改进会议,主要涉及以下四个角色。

- 说的人,也就是汇报者,通常是各部门中层管理者。
- 听的人,也称为引导者,通常是企业总经理及高层领导者。
- 主持人,也就是组织者,通常是人力资源部负责人、总经办/行政部负责人、总经理助理等。
- 列席人,也就是列席旁听者,可以是各部门中层管理者以下一个层级的主管或后备梯队人员。

1. 说的人:汇报者

虽然复盘会议的现场汇报者通常是各部门负责人,但需要注意的是,这不是一个人的工作,而是汇报者集合自己团队的智慧,共同准备复盘资料,代表团队在复盘会议上汇报和沟通交流。汇报人的角色定位如下。

(1)会前投入时间,与团队沟通复盘,准备汇报材料。

(2)自己汇报时,要重点列出目标与实际完成数据,并针对偏差,深入分析并洞察原因,提出对策和行动计划。

(3)他人汇报时,要认真聆听其他成员的汇报,积极反馈,分享信息。

(4)会后牵头执行会议决议事项。

在现实中,部门中层在复盘汇报时有四种无效甚至负面的状态,值得注意:

(1)自我炫耀。部门管理者对于汇报内容的选择和汇报时的演讲状态,有且只有一个目的,就是在老板面前炫耀自己做得有多好。

(2)自我检讨。当目标达成不理想时,有些部门管理者会陷入"自我检讨"的状态,没做好的原因是"我能力不够""我经验不足"……

（3）推脱责任。当目标达成不理想时，有些部门管理者会想尽一切办法归咎于外部客观环境不佳、其他部门不配合，甚至本团队人员配置不够等。总之，做得不好，别人的原因占了80%，本人的原因最多占20%。

（4）过流水账。相比于以上三种，其实流水账式汇报是让这类会议"索然无味"最主要的原因，汇报者本人、其他人、老板都觉得毫无收获，整个汇报完全"言之无物"，老板也不知道从哪方面给出反馈。

总的来看，**这四种无效的汇报状态都是停留在过去和当下的结果，而复盘会议最重要的目的是指向未来目标达成和组织能力提升**。也就是说，"结果好的，我们有哪些关于过程和做法的经验可以总结复制""结果不好的，我们下一步应该如何改进"最为重要。

2. 听的人：引导者

在实践中，多由企业决策层高管或团队领导者担任引导者角色。经营复盘与绩效改进会议的目的是"经营为本，以战代训，借假修真"，需要也值得高管层为此准备好时间和精力，在积极鼓励的同时，进行追问，保持觉察。

引导者的角色履行和发挥对会议效果起着决定性的作用。**引导者的角色定位是营造氛围，跟进、教练、支持、促进沟通与改进**。具体来说，包括以下方面。

（1）营造一个信任、开放、客观、创新的对话环境，促进管理者间人际互动。

（2）通过提问，跟进、追问、落实工作进展及下一步的行动计划，不容忍模糊。

（3）通过提问，激发与会者思考的热情，帮助管理者构建更好的思考框架。

（4）不断厘清共同目标，调解冲突，并为改进和行动提供资源支持。

3. 主持人：组织者

主持人同样是经营复盘会上的核心角色之一，是高效会议的掌控者。关于主持人的人选，需要提醒的是，主持人要与部门中层级别相当甚至更高，同时要有敢于引导和控场的能力，因此，通常是由人力资源部负责人、总经办负责人、总经理助理等担任，而一般的主管/专员/秘书/助理大多都难担此大任。

在实践中，在初期尝试复盘会议阶段，有些企业会邀请外部咨询顾问介入担任主持人角色，这也是一个不错的选择。顾问可以帮助企业初期搭建复盘会议的场域，同时培养出一个内部的主持人。

4. 列席人：梯队骨干

当经营复盘与绩效改进会议初见成效时，可邀请各部门梯队骨干人员参会，这些人员参会能够发挥多重作用。

（1）通过参与企业层面重大经营管理事项的复盘，梯队骨干人员的归属感和价值感得到激发，工作站位提高了，使工作方向也更清晰了。

（2）大大提高高、中、基层之间的信息沟通效率，避免转述过程中的信息衰减。

（3）能够更好地促进中层对会议的重视和思考深度。

（4）为总经理及高层提供一个隔级观察和发现好苗子的机会。

经营复盘与绩效改进五步法

经营复盘与绩效改进会议是管理者思维和能力训练的"道场"，有效的会议可以帮助管理者树立目标与结果导向的意识，提升问题分析与解决的能力。

我们可以借助"经营复盘与绩效改进五步法"来规范各部门汇报内

容及模板，同时提升复盘会质量效果，具体如图 9-3 所示。

图 9-3　经营复盘与绩效改进五步法

第一步及第二步：预期目标与实际结果的对比

没有目标就没有复盘，也就没有好坏之分。这就好比人如果不知道正常体温是 37℃，那么体温计测出来的温度就没有任何意义，无法说明身体是否有异常。因此，战略与目标的拆解是经营复盘与绩效改进会议的前置条件，没有明确的企业及各部门目标，复盘会就会变成日常工作流水账式的汇报。

当企业及各部门有清晰的目标之后，复盘会就需要严格按照期初目标进行客观数据与事实的对比呈现，通常各部门期初目标包括以下三个方面：

（1）**部门核心指标**，也就是通常所理解的部门绩效指标。它是基于战略拆解和部门工作定位而形成的，反映了该部门对企业贡献的核心成果价值。

（2）**部门关键数据**。每个部门因为承担着特定的职能，所以可以收集并分析一些关键数据，比如人力资源部门可以持续分析人员流失率、人效等数据，市场部门可以持续分析客户满意度、回款率、转介绍率等数据，品质部门可以持续分析产品合格率、重复客诉等数据。虽然这些数据可能并不是该部门的核心绩效指标，但针对这些数据的连续性复盘与分析对企业来说至关重要。

（3）**部门重点工作**，主要是指复盘周期内部门重点工作。这些工作需要让企业及相关部门知晓进展情况，有需要各部门协同配合的事项。比如销售部每月复盘大客户开发进展，技术部门每月复盘新产品研发节点进展等。

各部门在做预期目标与实际结果对比分析时，最重要的原则就是**提供客观的数据与事实，杜绝"大约莫"现象**。在日常工作场景中，"大约莫"现象随处可见，比如销售部汇报业绩达标不理想时，会说到是因为竞争对手价格比我们要低一些，这就是"大约莫"，而客观的数据与事实应该具体到哪个竞争对手、在哪个报价中、具体比我们低多少、什么时候开始低报价，等等，这其实是很考验管理者对事实真相的细致挖掘与洞察分析能力的。

第三步：精准界定差距

预期目标与实际结果对比完成后，就要进行深入的洞察，以分析数据与事实背后的真相，精准界定差距。

很多企业在经营复盘会上会晒出各种各样的数据，但似乎很多时候只是就着数据谈数据，无法反映出问题的本质，因为缺乏对数据的洞察与分析，真正的差距到底是什么实际上并不清晰。

这也导致了很多企业总经理及管理者在开复盘会时总有种"不得劲"的感觉。那么，到底如何有效开展数据分析，更好地揭示问题本质呢？可以从谁来分析、怎么分析以及如何对比三个方面来思考。

（1）**"谁来分析"**。很多企业的做法是让财务部门来分析企业整体经营情况，包括但不限于销售业绩、成本费用、利润、现金流等，这其实不是一个很有效的做法。关于谁来分析数据，原则是谁能说清楚数据背后的事实、意义和本质，就应该由谁来分析并汇报。比如，关于销售业务类数据，应该由销售业务部负责人自己汇报，因为他最了解真实的业务进展，能分析数据背后的本质和问题。关于整体利润和现金流情况，应该由总经理自己分析并汇报，财务更多的是提供相关数据，或者最多基于预算对成本费用风险项进行提示说明。

（2）"怎么分析"。这里有个非常关键的点是**用更多的数字拆解来替代整体汇总分析**。举个例子，某业务部门当月销售额目标是800万元，实际完成1000万元，如果只是拿这两个数字做对比，看上去做得挺好。但假设按照新老客户来拆分，发现1000万元主要还是源自老客户订单的突然增加，原本800万元目标中新客户开发的目标并未达成，而这就是需要深入分析问题的地方。或者，虽然1000万元的业绩中，新老客户的结构占比也挺好，那是不是就一定没问题了？也未必，假设老客户中有个"战略型客户"当月下单量为零，与预期目标之间偏差较大，这也是需要拆解出来分析深层次原因和潜在风险的。

（3）"如何对比"。俗话说："没有对比就没有伤害。"在数据分析中，没有对比就没有结论。数据分析除了跟期初设定目标进行对比，还应该跟历史同期比较、跟外部环境比较，这样才能更真实地反映出目标实现得好与坏以及可能存在的深层次问题。

最后，总结一下：**有效的数据分析应该真实地反映出实际情况的好坏，并帮助团队探索深层次的问题。企业应该从"谁来分析""怎么分析""如何对比"这三方面对数据分析工作进行优化提升。**

第四步：深入洞察问题/原因

企业在推动月度经营复盘与绩效改进会议时，经常发现很多管理者对目标偏差背后的原因分析往往比较浅，导致未来的改进思路和行动计划也比较空泛。

对问题背后本质原因的分析思考确实不是一件容易的事情,这里介绍一个简单实用的工具——5Why 追问法。

5Why 追问法,是指针对一个问题表象连续追问 5 次"为什么",以探究到更本质的原因,这是在丰田被广泛推行的方法。

关于丰田应用 5Why 追问法,有个非常经典的例子,是针对公司生产机器停机问题点的。

★第一个 Why:为什么机器停了?

答:因为机器超载,保险丝烧断了。

★第二个 Why:为什么机器会超载?

答:因为轴承的润滑不足。

★第三个 Why:为什么轴承会润滑不足?

答:因为润滑泵失灵了。

★第四个 Why:为什么润滑泵会失灵?

答:因为它的轮轴耗损了。

★第五个 Why:为什么润滑泵的轮轴会耗损?

答:因为杂质跑到里面去了。

经过连续五次不停地问"为什么",才找到问题的真正原因和解决的方法,最终,高效的解决方案就是:在润滑泵上加装滤网。

听上去很简单的工具框架,实际用起来并没有那么容易,也不能太机械,需要管理者不断地实践和练习后才能灵活使用。

■ 案　例

举个真实的案例,某软件企业的交付部门在月度复盘时,针对问题点"某重要项目延期一个月结项"展开的 5Why 分析如下。

★第一个 Why：为什么项目延期一个月结项？

答：因为项目结项未一次性通过。

★第二个 Why：为什么项目结项未一次性通过？

答：因为项目经理精力分散。

★第三个 Why：为什么项目经理精力分散？

答：因为项目经理人手不足。

★第四个 Why：为什么项目经理人手不足？

答：因为人力资源部门招聘补充人员不及时。

如果只是追问到这个角度，交付部门就成功地把问题原因归结到了人力资源部门。所以，在应用 5Why 追问法的时候，要从自身、他人、环境等多个角度挖掘原因，特别是要从自身角度挖掘，因为探究原因最终是为了能够执行改进计划。

我们可以尝试接着自问或者追问"为什么人力资源部招聘不及时"或者"你们可以做什么，推动人力资源部招聘更及时"，答案可能就变成了解决方案：我们要和人力资源部门共同梳理清晰的项目经理画像标准。

也可以在问第三个 Why 时，不是问"为什么项目经理精力分散"，而是问"虽然项目经理承担项目多、精力分散，但为什么事实上绝大部分项目是按期交付的"，这个时候答案可能就变成了"因为那些项目简单，这个项目复杂性和创新性比较高"，然后第四个 Why 就可以问"为什么复杂性和创新性高的项目，项目经理投入的精力不够多"或者"如何让项目经理把精力投入到复杂性和创新性高的项目上"，这个时候答案和解决方案就自然出来了：企业应该建立项目分级标准以及针对不同等级项目的人员配置和管理方案。

第五步：落实具体的改进计划

在日常定期复盘会议中，很多部门负责人说到下一步工作计划或者行动时，都只有"喊口号式"的行动。

什么是"喊口号式"的行动？凡是不能让行动关联人清晰地知道并准确执行的行动，都是喊口号式的行动。比如，我们下一步要"加强客户拜访""重点推进××项目的验收和交付"，等等。

这里分享一个非常简单有效的工具——3W2H。其中，3W分别代表Who（谁）、When（什么时间）、What（做什么）；2H分别代表How（如何做）、How Much（做到什么程度）。连起来，**一个清晰明确的行动应该包括"谁、在什么时间、做什么、如何做的关键点以及做到什么程度的标准"**。

以"加强客户拜访"来举例说明3W2H工具的应用，前面也说到了"加强客户拜访"是口号和方向，转化之后可以这样说：下月20日前，所有销售人员必须完成所有A类大客户的线下见面拜访交流，带着企业新产品介绍和相关技术人员一起，会见客户的关键人员，以签署试样协议为目标，最终团队争取拿到5个大客户的试样协议。

■ 本章小结

1. 正确认知和有效落地绩效管理必须基于三大视角，即战略视角——承接战略目标，支撑战略落地；绩效改进视角——识别绩效改进机会，推动组织优化和个人提升；激励视角——衡量价值创造，激励先进。
2. 在落实绩效管理的过程中，要秉持"过程中努力，结果上奖励"的原则，兼顾过程与结果的平衡。
3. 在具体实践中，设计绩效考核指标时要注意"定义是否清晰""是否能被考核者显著影响""数据来源是否准确可信""数据获取成本是否可控""是否可能存在负面行为引导"这五个关系到指标的可落地性的方面。
4. 经营复盘与绩效改进会议要从会议流程、会议角色、会议内容方面进行设计和开展,以此保证各角色定位清晰、内容切实有用、会议高效进行。
5. 借助经营复盘与绩效改进五步法,提升复盘会的有效性,训练管理者深入洞察原因并寻找解决方案的能力。

■ 企业家诊断与思考的问题

1. 我们管理团队对绩效管理的认知是否正确有效?
2. 我们目前的绩效管理更关注结果还是过程?哪些岗位应该关注过程,哪些岗位应该追求结果?
3. 对照五大关键思考问题,我们在绩效考核指标设计方面有哪些需要精细化提升的?
4. 我们的企业是否有承接经营复盘与绩效改进功能的例行会议?一般多久开一次,如何开?如果要获得更好的效果,我们应该如何改进?

■ 延展阅读

《复盘》,作者沈磊。该书采用方法论与复盘实战案例相结合的呈现方式,将联想的复盘法讲透讲清。书中有体系化的结构、辩证式的论述、实战中的心得,能带领读者深入复盘的每一个环节,提前了解复盘之路上的"深坑",真正掌握复盘方法论,走上刷新认知、能力进阶的快车道。

CHAPTER 10

第 10 章

精准激励

兼顾"物质"与"精神"

薪酬激励,可以说是大多数企业HR、管理者乃至老板最关注的话题之一。因为企业最核心的资源是人,如何激励大多数人就成了每一个企业的必修课。而有效的激励方案既要考虑对企业价值创造的支撑,也要考虑人性期望,所以如何精准激励也成了管理中一个非常复杂的课题。

本章通过以下几个方面的探讨,帮助企业厘清如何实现精准激励,让有限的资源发挥最大的价值。

(1)探索优秀骨干流失的原因。

(2)通过三大维度的考量,实现精准激励。

(3)平衡考虑"先分后干"和"先干后分"的关系。

（4）探索如何激励新生代员工。

优秀骨干为什么流失

优秀骨干流失情况普遍发生

"我觉得他还不错，正准备考虑晋升他，可转天他就来说要辞职""要是他们几个也走了，我们的梯队这一层就全塌了""企业的发展这么好，他怎么就看不上呢"……这些是很多企业面临的共同问题——优秀骨干流失。

这里先分享几个最近听到的优秀骨干流失的案例。

■ 案 例

C 公司是一家管理咨询公司，自成立以来保持 30% 的年平均增长率。经过 7 年的发展业务趋于稳定，团队规模也逐步扩展到了几十人，团队学习的氛围也不错。但近两年，一个显著问题开始出现：**在公司历练 2～3 年的骨干咨询顾问保留率不高**。这些骨干顾问基本上是应届毕业生或者有 1～2 年企业工作经验的人转型进来的，他们在进入公司后的前 2～3 年展现出不错的工作产出和能力成长，但再往前走的时候，都遇到了较大的困扰和挑战，一部分人在经历了一段时间的徘徊和煎熬之后选择离开。

W 公司是一家传统制造业公司，营收规模超过 20 亿元，并在行业内有着一定的知名度。几年前，公司就启动了管理培训生计划，也就是从各大高校招聘有潜力的应届生，通过集中培养、轮岗训练、定岗训练等环节，为公司选拔并培养中基层管理者的后备梯队。但经过几年的实践后，公司发现**管培生的 3 年留存率特别低**，只有 3% 不到。通过 HR 的分析报表可以看到，在管培生入职之后的 3 年里有 2 个离职高峰期，第一个是 1 年左右，因为这个节点正好是培训与筛选后定岗的节点，这部分人离开的原因主要是定岗不符合自己的预期、相互磨合与匹配后被动离开等。而第二个高峰期则正好是 3 年左右的时间，原因却各种各样，等到这一高峰过后，就只剩下可怜的 3% 不到的人了。

M 公司是一家聚焦于幼儿体适能培训的连锁机构，公司发展势头强劲，CEO 计划要在未来 3 年内新开门店 30 家。可是当管理团队准备乘势发展，更快速地增开新店时，却出现了业绩和员工留存双双低迷的局面。人员流动就如流水一般，一边在不断招聘，另一边在不断流失。最严重的时候，全公司只有 4 位司龄超过 3 年的员工，而门店的核心人员中，在岗超过 1 年的店长和中高级教练仅仅各有 1 位。公司 CEO 焦虑之余自我调侃道："没想到我们也成了行业的黄埔军校。"

优秀骨干流失原因分析工具：三维度六因素框架

以咨询顾问的思考习惯，看到现状和问题的第一反应必然是找原因。我们只有找到骨干员工流失的真正原因是什么，才能更好地寻找解决策略。

相信很多人都听过马云说过的观点："员工离职原因有很多，只有两点最真实：钱没给到位，心委屈了。"我们团队通过分析研究各类相关案例，从三个维度六个因素总结了优秀骨干流失的主要原因，具体如表 10-1 所示。

表 10-1　优秀骨干流失的"三维度六因素"分析

	薪酬激励	成长发展	工作与环境
未满足	①薪酬激励不符合预期	③成长发展通道受阻	⑤工作本身带来的成就感和环境带来的归属感不足
不喜欢	②薪酬激励不公平	④成长发展的压力过大	⑥工作本身带来挫败感和环境带来疏离感

一个员工选择主动离开一家企业最根本的原因可以从正反两个方面

思考：一是期望的需求未被满足；二是不喜欢的方式却一再盛行。在实际工作场景中，优秀骨干普遍关注三个维度：**薪酬满不满意、发展符不符合预期、工作与环境会不会带来成就感和归属感**。这两个方面×三个维度就组成了优秀骨干流失的六个主要原因。

（1）未满足：**薪酬激励不符合预期**。员工选择并坚持做一份工作，一定会关注自己的薪酬收益。一个好的薪酬规则一定要让员工看到当下的被认可和未来的增长空间，这包括薪酬水平跟同行相比是不是有一定竞争力、薪酬激励规则跟员工的产出和贡献相比是不是正向关联，如果这些规则不清晰、不符合预期，很有可能会导致骨干员工流失。

（2）不喜欢：**薪酬激励不公平**。员工在薪酬方面很讨厌不公平现象。孔子早就提出"不患寡而患不均"，所以"不均"是薪酬规则设计的大忌。如果企业的薪酬规则或者在激励实施过程中出现不公平现象，也会导致骨干员工的流失。在现实中，这些不公平常常体现在资历浅的新员工收入比资历深的老员工高，能力和职级相当的两个人薪酬收入差异明显，管理者比下属仅仅高出三五百元等。

（3）未满足：**成长发展通道受阻**。除了薪酬收入，优秀骨干们往往还比较在意自身的成长与发展，所以近几年面试时，我们听到候选人提问最多的都是"企业的晋升机制是怎样的"，当他们发现自己的发展路径受阻、看不到发展希望的时候，往往就会选择离开。这里说的机制主要指的是职级和发展通道。虽然大多数企业都有自己的职级体系，大多还会分成专业序列和管理序列的双通道模式，然而与职级发展通道匹配的能力要求模糊不清，导致员工晋升和任免的决策过程像个黑箱子。

（4）不喜欢：**成长和发展的压力过大**。在成长发展的维度，如果一味地提供成长发展空间，但对应的压力过大，也可能会导致骨干员工流失。虽然我们常说有压力才有动力，甚至有人可能会说优秀骨干就一定要抗压能力超群，但客观来看，压力也可能带来负面的影响和令人逃离。

所以当越来越"悦己不悦人"的年轻人发现压力已经深深导致自己变得焦虑、失眠，甚至内分泌失调时，他们可能就会考虑换个环境。

（5）未满足：**工作本身带来的成就感和环境带来的归属感不足**。最后就是工作和工作环境了。对于优秀骨干来说，虽然工作是收入的来源，但他们一定不想让工作仅仅变成谋生的手段。所以当他们对自己所从事的工作的价值感产生怀疑，或者觉得在当前的环境下无法产生想要的成就感和归属感时，离开就成了最佳选择。

（6）不喜欢：**工作本身带来挫败感和环境带来疏离感**。如果说优秀人才对于成就感和归属感不足还可以忍受一段时间的话，那么他们更讨厌的是环境带来挫败感和疏离感，比如复杂的人际关系、喜欢搞形式主义的上级、高层关系复杂导致企业内拉帮结派甚至被迫站队等。如果出现这些情形，他们一定会更快速地择机抽身，摆出一种"我不伺候"的姿态。

以上这六种典型原因，两两一组，分别组成硬币的正反面。在实际情况中，出现任何一种都有可能为优秀骨干的离开埋下种子。要是出现得越多，他们离开的想法就会愈加强烈。如果你的企业也出现了多例骨干员工流失的情况，请一定要警惕，并从这六个方面一一审视企业现状，相信你一定会对关键原因有所发现。

结合上述原因分析模型，我们再来看看前面的三个案例。

■ 案　例

C公司的主要问题是历练2~3年的骨干咨询顾问保留率低。经过深入的员工访谈和与合伙人研讨，公司管理层发现，在导致员工流失的核心原因中，收入和氛围环境被排除在外，剩下就是成长发展这一项。可这些人在进入后的两三年里也获得了不错的专业提升和能力成长，那为什么到了3年左右的时间出现了问题？

后来大家才发现，问题的核心在成长和发展的反面——**成长和发展的压力过大**。C 公司中，骨干员工在之前的 2~3 年中一直有着很好的"学习成长"感觉，也因此获得了及时的职级晋升带来的认可和成就感，比如从"P1 助理顾问"到"P2/P3 咨询顾问"（该公司的职位等级体系如图 10-1 所示）。

原有职级体系（节选）			
职级	咨询顾问序列	职级	项目管理序列
P3	咨询顾问	M1	项目经理
P2	咨询顾问		
P1	助理顾问		

图 10-1　C 公司职级体系（节选）

但当成长为 P3 咨询顾问之后，接下来要跨越的关键一环是成为"M1 项目经理"，这一次晋升（或者更准确的描述应该是"转身"）与以往从 P1 到 P3 的晋升有着非常大的本质差异。晋升为"M1 项目经理"后，该顾问在咨询项目中的角色发生了巨变，承担项目经理的责任需要该顾问除具备专业技术能力外，还要有更多横向综合性的知识与能力。而这次转身带来的压力无疑是过大了，所以个别承受得住的顾问留了下来，而多数在经历了一段时间的徘徊和煎熬之后选择了离开。

再来看 W 公司，公司的组织发展团队做了大量管培生回访和分析之后，发现主要原因是**工作本身带来的成就感不足**。在回访中，这些已经离开的管培生们无一不感谢曾经的这个经历，他们都觉得刚毕业时就拿到了写着比同班同学更有竞争力的薪酬的录用通知书、初入职场就得到了系统的从学生到职场人士身份转变的一系列培训和历练机会，是让人无比庆幸的事情。

但当他们定岗并且在岗工作一两年之后，却发现自己变得越来越像那个岗位上的螺丝钉了。就拿人力资源部门来说，因为组织和岗位架构的细分，他们变成了招聘主管、薪酬经理、基础人事主管等，绩效管理与人才发展、培训等成了别人的工作，而自己的工作范围越来越小，甚至已经不太找得到挑战和成就感了。有人戏言称那段时间过得太舒服了，以至于自我怀疑是不是进入了坐吃等死的状态。

最后是 M 公司，经过分析之后，发现其原因则更为复杂。

在工作与环境维度，岗位职责的不清晰导致工作对接起来困难很多。就拿教练岗位来说，不同的教练工作范围有所不同，主教练和助教被要求不得与家长直接沟通，拓客教练被要求授课之外兼任地面推广和销售，兼职教练只负责现场上课而不参加教研。而这些导致教练上课水平参差不齐，除影响教练的工作质量和成就感之外，还给客服和销售人员带来了不同程度的负面影响。

在薪酬激励维度，销售类岗位的提成是按公司的实际营收计算的，如果课程质量和满意度的问题不解决，销售想要拿到高提成难上加难。而激励政策的不清晰和多变让员工着实感受不到激励。多数员工反馈，激励规则半年改一次也就罢了，而里面的计算方式特别复杂，管理层也没有做好明确的宣讲和解释工作，这让大家觉得最终拿多少还是看领导心情。

这些因素的叠加最终导致了 M 公司"流水的兵"的现状。

最后总结一下：对于骨干员工流失这一现象，**本质的原因主要体现在薪酬激励、成长发展、工作与环境这三个维度上。企业家需要意识到企业激励的资源不仅仅是薪酬，还有成长发展和工作与环境。要注意，在每个维度上都要让员工能够有机会拿到自己想要的，同时也尽量避免出现员工不想要的。**

三大维度实现精准激励

■ 案 例

公司利润和员工收入翻番，老板却很愁

有家公司在年底遇到了年终奖金兑现的问题。实际数字呈现出来的是"公司利润翻番、业务员收入翻番"，看上去是完美的结果，老板却很愁。有人问他为什么，他说，今年利润翻番实际上是因为突发的疫情让其中一个大客户被迫增加了服务需求，但这种需求是偶然性的，也是未来不可持续的。而自己年初设计的激励方案希望业务员能够开拓新客户，避免公司客户太集中带来系统性风险。事实上，虽然今年利润翻番，但新客户的拓展远低于预期。

类似上面激励不精准的情况，在很多企业并不少见。一种情况是，老板投入了一定的激励资源，却没有得到相应的经营结果回报；另一种情况是，表面上整体经营结果还不错，但似乎并不是由公司希望的员工有效的努力所带来的。

精准激励的三大维度

如何精准激励是困扰很多企业家的难题，在大部分情况下他们不是舍不得分钱，而是不知道怎么分才更有激励效果。有没有一个逻辑框架，可以帮助企业家和管理者更好地思考如何精准激励？

要回答这个问题，我们可以采取以终为始的方式来分析。精准激励的终极目标是提高激励投入产出比，**激励投入产出比＝价值结果产出／激励方案设计对应的资源投入**，而从资源投入到结果产出的过程，又需要员工的有效努力。

因此，我们可以从价值结果产出、激励方案设计、员工有效努力三个维度来思考和设计精准的激励方案（见图10-2）。

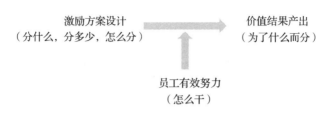

图 10-2　精准激励三维框架

（1）厘清什么是价值结果产出，也就是企业希望通过激励资源的投入得到什么，回答"为了什么而分"的问题。

（2）设计合理的激励方案，需要回答"分多少""分什么"和"怎么分"三个方面的问题。

（3）赋能员工过程行为，回答"怎么干"的问题。

1. 价值结果产出：为了什么而分

"想要获得什么，那就激励什么"，但很多企业并没有想清楚真正需要获得的是什么，只是惯性地采用原有的激励方案逻辑，或者一刀切地采用同样的激励方案逻辑。

（1）惯性地采用原有激励方案逻辑，为什么可能行不通？举个例子，某公司今年销售额目标是 2 亿元，同比增长 50%，而基于业务目标深入拆解，发现靠老产品很难实现增长目标，要想实现 50% 的销售额增长，新产品在老客户中的拓展销售至关重要，新产品整体销售额至少要占到 30%。往年给销售人员的激励方案是基于总体的销售额按比例提成，那么今年如果惯性地采用同样的销售激励逻辑，新产品的销售额占比是很有挑战的，因为销售人员一般都倾向于销售成熟的老产品，而新产品的进入门槛、新产品的不稳定性等都会是阻碍销售人员拓展新品销售的现实问题。甚至就算最终销售人员通过老产品非常努力地实现了 2 亿元的销售额目标，但新品占比很少，看上去整体的经营结果达成了，但很可能长期来看，企业未来的产品竞争力不足会凸显，形成更大的危机。

（2）一刀切地采用同样的激励方案逻辑，为什么可能也行不通？举个例子，某公司有三个业务事业部，面向不同行业客户。其中，A事业部已经拥有稳定的业务和客户体量，B事业部正处于关键的快速抢占市场期，C事业部所处行业及产品都还在孵化和验证期。如果公司采取一刀切的方式，所谓"以结果论英雄"，针对A、B、C事业部都采取一样的销售激励逻辑，比如都按照销售额进行提成，或者都按照利润目标达成率发放奖金，那么很可能B、C事业部很难较快发展。A、B、C三个事业部处在不同的阶段，公司希望的价值结果产出其实是不一样的。公司希望成熟事业部A产出的可能是利润，B事业部当前更重要的可能是客户覆盖率、销售额增长、城市区域占领等，C事业部当下关键是产品验证成功、标杆客户打造等。

（3）企业想要什么样的价值结果产出？企业价值结果应该至少包含三个方面：业绩增长、降本增效和战略增值。

第一，业绩增长。企业经营管理首先要指向业绩增长，也就是要大力开源，合同额增长、GMV增长、销售额增长、客户数增长，这些都是业绩增长成果的直接体现。

第二，降本增效。企业开源的同时还要关注节流，该降低的成本要尽可能降低，如采购成本降低、废品率降低等，该提高的效率要尽可能提高，如设备利用效率提高、库存周转效率提高、人效提高等。

第三，战略增值。如果把业绩增长和降本增效比喻为当下多打粮食的话，那么"战略增值"就是要增加土壤肥力，比如新区域的开拓、新产品的研发、新业务的孵化、组织能力建设等。这些虽然不会立即带来当下明显的开源节流效果，却是为未来蓄势很重要的事项。

总结来说，**精准激励的前提是对业务目标的深入洞察与拆解，厘清业绩增长、降本增效和战略增值三方面的价值结果产出目标**。而厘清什么是真正的价值结果产出，是思考和设计精准激励方案关键的第一步，激励方向和导向错了，激励资源投入产出比就不可能高。

2. 激励方案设计：分多少，分什么，怎么分

设计激励方案，关键要回答的是"分多少""分什么"和"怎么分"的问题。

（1）**分多少**。设计激励方案首先要解决的问题就是"分多少"，而这方面的方案设计**最关键的点就是让员工清晰理解和相信：分多少钱，是由企业整体效益以及人效目标决定的**。比如 A 公司人效目标是每投入 1 元人力成本产出 5 元的营收，相当于人力成本占营收比重是 20%，那么今年企业获得的营收结果越多，乘以 20% 的人力成本包就越多。如果今年营收业绩实现有困难，而大家还想多挣钱，只有一个办法，就是减员增效，这样人效目标才能实现，优秀人员才能获得更多的收入。

企业只有设计出这样的"分多少"的机制，才能牵引大家共同努力，在合理的人效前提下创造更多的经营成果，真正做到"力出一孔，利出一孔"。

（2）**分什么**。激励方案中"分什么"的设计原则是全面激励（见图 10-3），**企业提供的激励资源包括薪酬、成长发展和工作与环境三个方面**，而这三个方面就是前文讲到的优秀骨干员工流失原因分析的三个维度。

薪酬这部分，实际上就是对薪酬结构的设计，即针对不同岗位、不同人的薪酬组成部分，应该如何合理有效地设计。我们看到，确实每家企业薪酬的结构（也就是组成部分）都不尽相同，甚至有些企业薪酬发放的名目非常多。实际上，不同的薪酬结构发挥的激励导向作用是不同的，但很多企业可能没有深入思考过这个问题，所以出现钱发得不少，但起不到想要的效果。

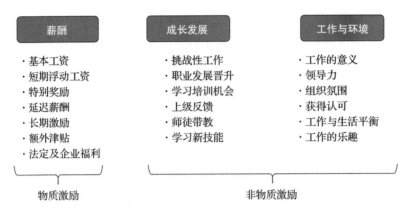

图 10-3　全面薪酬激励体系

这需要想清楚的问题是什么呢？**是薪酬结构的每个部分导向的是什么，也就是希望通过这部分钱的发放获得什么。**

常见的薪酬结构大致可以分为五个组成部分：固定工资、绩效工资、提成/奖金、福利补贴、中长期激励。

1）**固定工资**。这部分钱是在为员工所从事的岗位责任及其能力付薪，是在购买员工的在岗时间。固定工资是人员招聘过程中员工最关注的部分。

2）**绩效工资**。绩效工资是指平时有相对明确的基数、变动性不大的浮动工资部分。这部分钱实际上是在为员工的过程行为和过程结果付薪。

3）**提成/奖金**。这部分钱的结构通常不确定性和浮动程度比较大，比如销售人员的业务提成、项目实施交付奖金等。这部分钱是在为效益的创造和结果贡献付薪，是薪酬中最能够发挥激励员工作用的，需要精准设计。

4）**福利补贴**。这部分钱可能涉及法定的及企业的福利，体现对员工的关怀，当然也有的可能是基于工作性质的补贴，比如华为的驻外补贴等。

5）**中长期激励**。这部分钱是在用"未来的可能收益"对员工进行激励，这对于企业来说是重要且稀缺的激励资源，一定是要给到价值观一致、未来价值创造潜力较高的对象，牵引他们中长期与企业共创共赢。

结合以上五个常见薪酬组成部分的分析，我们应该形成这样的思考习惯——不同的场景有不同的目的，薪酬结构应该有针对性地进行设计。比如岗位人员招聘难度很大的时候，需要把更多的激励资源放到固定工资里；岗位表现与企业效益和价值创造紧密关联的时候，需要把激励资源更多地放在提成/奖金里。

最后，总结一句话：**薪酬结构设计一定要精准，不同的薪酬组成部分，激励不同的行为，导向不同的结果。**

（3）**怎么分**。实际上，激励方案设计中要解决的最复杂的问题是"怎么分"。怎么分才能兼具公平性和激励性，才能有效提升激励的投入产出比，也就是"人效"结果？

我们首先分析一下：企业人效不高的原因是什么？我们通过研究发现，中小企业人效不高的本质原因是资源错配。资源错配主要发生在三个环节：人与责任结果不匹配、钱与人不匹配、钱与责任结果不匹配，具体见图10-4。

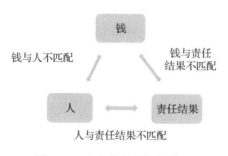

图10-4　企业常见的资源错配

人与责任结果不匹配，具体来说就是人和岗位的匹配问题，即岗位上应该配置多少人、应该配置什么样能力的人。岗位上的人配置多了，或者配置了能力不合适的人，都会影响到人效结果。

另外，钱与人不匹配、钱与责任结果不匹配，通俗来说，就是该给很高收入的没给到位，该给稍低收入的也没低下去，最终导致优秀的人离开、一般的人留下，出现"劣币驱逐良币"的现象，企业人效不断下降。

那么，如何在激励方案设计中能够有效破解人效不高，特别是"大锅饭""劣币驱逐良币"的情况呢？最关键的两大设计原则就是：合理差异和动态调整。

什么是"合理差异和动态调整"？如何执行这两个原则？ 我们在《薪酬激励新实战》⊖中有详细的说明，关键点如下。

（1）**差异激励**。在咨询实践中，我们听到很多以所谓公平性为借口不敢体现差异的表述，比如：

- 不知道不同岗位间价值差异有多大，所以只能按照层级来定薪。
- 不知道市场薪资水平怎么样，所以只能按照内部现有薪资标准招聘，结果很难招到优秀人才。
- 害怕大家对调薪比例和奖金数额觉得不公平，所以只能大家都差不多。

这样一系列看似公平的做法，实则是在摊大饼，浪费有限的激励资源，同时造成"劣币驱逐良币"的可怕恶性循环。因此，设计薪酬激励方案时要充分考虑"合理差异"，不同岗位之间、不同人员能力之间、不同绩效表现之间，都应该合理地拉开差距，通过构筑利益差，激发员工奋斗活力。

（2）**动态激励**。薪酬激励机制如何动态调整，实现激励和约束的对等，确保持续激励真正的奋斗者，有效支撑战略？

⊖ 作者：孙晓平、季阳，2019年由机械工业出版社出版。

1）**奖金能多能少**。企业要建立基于绩效和人员评价的奖优罚劣机制，从津贴、奖金甚至股权激励等方面充分进行动态调整，激发员工的奋斗精神，避免"大锅饭"现象。

2）**调薪能高能低**。为了能基于员工绩效、能力等因素动态差异化地调整薪酬，企业要建立合理有效的薪酬调整机制，用明确的调薪机制来引导和激励员工的业绩贡献和能力成长。

3）**激励和约束对等**。我们看到在有些企业，不管什么样的激励方案，有些业务人员始终不为所动，这主要有两个方面的原因：一是他们能力不足以完成更高的目标，关于这一点我们在后面第三个维度分析；二是没有生存压力和危机意识，他们觉得有现在的底薪和存量的一些激励也够生活了，没必要那么拼，于是选择躺平。

因此，我们在设计激励方案的时候，要特别关注激励和约束对等，不光要有"做得好拿很多钱"，还要有"做得不好，不光拿钱少，位置也不保"的反向约束机制，让员工有危机意识。

3. 员工有效努力：怎么干

当价值结果产出和资源投入两方面都思考清晰并精心设计后，是不是就万事大吉了，企业只要等着员工在激励的驱动下，自发努力就能得到想要的结果呢？现实远远没有这么理想。

因为在过程中，员工会因为能力、资源、方法、惰性等因素，一开始被点燃的奋斗激情一点点被消磨，或者努力方向有所偏移。所以，**从资源投入方案到价值结果产出，管理者对员工的赋能和支持是跨越鸿沟的重要维度。**

比如，前面提到一家公司要实现新产品拓展达到30%，全年销售额增长50%的战略目标。假设设计的激励方案是合理的，激励更多地引导销售人员拓展新产品销售。但在全年漫长的执行过程中，销售人员有可能因为对新产品功能价值说不清楚、新产品应用缺乏标杆案例、客户一开始不认可新产品、新产品交付品质不稳定等原因,而惯性地致力于老产品的销售,这就需要管理者借助平时的例会等不断地关注、指导和提醒,同时帮助解决新产品知识学习、个人能力提升、新产品交付品质等现实困难,帮助销售人员降低新产品销售的难度。

"精准激励三大维度"框架总结

关于精准激励的三大维度、原则及核心观点,我们做了表 10-2 所示的总结,希望能帮助你回顾和供你参考。

表 10-2　精准激励的三大维度、原则及核心观点

薪酬激励的终极目标	精准激励的三大维度		精准激励的原则	核心观点
人力成本投入产出	价值结果产出	为什么分?	价值激励	导向业绩增长、降本增效和战略增值,实现靶向激励
	激励方案设计	分多少?	增量激励	激励额度由企业整体效益以及人效目标决定
		分什么?	全面激励	有针对性地匹配激励内容和结构,外在激励要能牵引内在动机
		怎么分?	差异激励	方案和水平要合理差异化,构筑利益差,激发活力
			动态激励	实现时间维度的动态调整,激励与约束对等
	员工有效努力	怎么干?	过程赋能	过程中努力,结果上奖励

"先分后干"还是"先干后分"

很多老板都跟我们说:分钱是个技术活,没钱分头疼、有钱分更头疼。比如:新招聘人员如何定薪?如何发平时的绩效奖金?如何发年终奖?如何给员工调薪?……这里面有些好像是"先分后干",有些又是

"先干后分",但是不管是前者还是后者,似乎都不是最优解决方案。

- **先分后干**:老板不乐意,万一钱给了,员工干不出结果怎么办?
- **先干后分**:员工不乐意,万一我辛辛苦苦干出了结果,老板分得不够怎么办?

如何辩证地看待"先分后干"和"先干后分"的矛盾?又如何平衡兼顾两者?

其实,我们不难想到,造成这对矛盾的本质原因是**信任**。假设老板和员工能完全互相信任,那先分后干或者先干后分都不是问题。正是因为双方不能完全信任,所以不管哪种方式都会让其中一方心里没底。

那么如何解决信任问题呢?我们可以借鉴商业领域中的**契约**。

符合三个标准的契约化解信任问题

能化解老板和员工间信任的最佳契约,要符合以下三个标准。

(1)**期初规则清晰**。任何一个激励契约,一定要清晰地明确干成什么样、能分多少钱,激励和约束对等,没有约束的激励无法导向行为。就像很多家长跟小孩订立的贴星星奖励一样,要明确每天按时吃饭就能获得星星,集满多少星星就可以获得什么礼物激励。

(2)**过程及时激励**。许多老板对员工的信任度,无法像马云对王坚(阿里云之父,号称"忽悠"马云10亿元又还5000亿元的人)那样,因此需要边干出结果边分。

反过来,员工的延迟满足能力也是有限的,因此需要边分钱边干,注重激励的及时性,通过过程中及时的、小额的激励逐步建立信任。

(3)**长期动态调整**。很多矛盾短时间内看似是无解的,比如新员工薪资比老员工高的矛盾。因此,**有效的契约要能够引导双方以更长远的视角看待分与干的矛盾,双方都相信通过长期的动态调整一定能实现分**

与干的匹配。

接下来，我们针对不同的薪酬结构场景，结合实际咨询中的做法来详细解读如何达到以上三个标准。

固定薪酬的三个标准

固定薪酬是对员工时间投入的保障性回报，因此，在期初规则清晰和过程及时激励这两方面是相对容易达成的，只要具体金额、发放时间、考勤扣减规则等明确就可以了。

固定薪酬方面最容易出现的问题是不公平，其中尤其以新员工与老员工薪酬的不公平问题最难解决。在同等岗位和能力情况下，新员工因为市场原因所获得的收入比老员工高，这里面就会存在"先分后干"还是"先干后分"的矛盾，如果跟新员工说先干后分，等你展现突出业绩后再拿高薪酬，员工就不进来了；如果先分后干，老员工觉得不公平。

解决这个问题几乎唯一的出路就是让员工相信企业存在第三个标准：长期动态调整。这是指企业长期坚持一个动作：定期回顾员工的绩效表现、盘点内部人才情况以及外部人才市场水平，对员工的薪资进行适配调整。这样，虽然短期不平衡的矛盾难以直接消除，但基于个人能力和业绩表现的动态调薪机制可以缓解员工对当下薪资涨幅的执着，促进其对企业的薪资激励长效管理有信心，拉长时间线来看，员工薪酬会是公平的。

短期奖金的三个标准

短期奖金是对员工产出结果的交易性回报，也是薪酬结构中激励性最大的部分，更需要符合激励契约的三个标准。

（1）期初规则清晰。明确价值衡量的标准和价值分配的规则，员工什么样的业绩表现能拿到多少钱，要从规则层面做到看得清、算得出、拿得到。在这方面,一定要体现"规则大于老板",否则,员工的关注点只会放在如何让老板感受到他做了很多。

(2)**过程及时激励**。奖金核算和兑现越及时越好,能在季度兑现的不要等到年底,能在月度兑现的不要等到季度,甚至能在每天兑现的不要等到月度。每次及时核算与兑现,就建立一次正向的分钱闭环,像滚雪球一样,积累起来就能产生足够的信任。

(3)**长期动态调整**。短期绩效结果不仅要应用于及时的奖金兑现,还应尽可能与员工晋升发展、调薪挂钩,让员工的关注点不仅仅停留在当期奖金金额方面。

股权激励的三个标准

股权激励是对事业合伙人级别的员工的长期绑定,激励长远的共担、共创、共享。

(1)**期初规则清晰**。在设计股权激励方案时,我们特别强调的一个观点是:股权激励是一个机制,不是一次性的分配方案。机制是对所有人开放的,只要符合标准就可以进入。因此,我们提倡将股权激励作为机制对全员宣贯,讲清楚进入的资格条件、绩效约束条件和未来的收益,真正做到"激励小部分人,激发所有人"。

(2)**过程及时激励**。虽然股权激励是长期激励的范畴,收益的节点一般也得是年度以上,但过程中也可以通过经营数据和信息的实时发布共享,让员工看到实实在在的收益预期。

(3)**长期动态调整**。股权激励是更昂贵也是更需要谨慎的工具,但现实中会遇到各种变化,比如:已经进入的人不努力了怎么办?有新的核心骨干要纳入怎么办?员工离职了怎么办?企业绩效目标没达成怎么办?这可以在股权激励方案中,通过分批次实施、设定明确的绩效约束条件分批授予和解锁获益、完善的退出机制等灵活设计实现。

到底是"先分后干"还是"先干后分"？按照上述关于激励契约三个标准的分析，我们最终可以得出这样的结论：**建立分和干的预期，边分边干、边干边分，长期动态调整。**

新生代员工内在动机激发"三感"

按照经典的马斯洛需求层次理论来看，相比于"70后"和"80后"，新生代员工在下层的"生理"和"安全"方面的需求已得到满足。所以，传统的物质激励、外在驱动更多地扮演着"保健因素"，也就是这方面做得不好的企业，很难留住和激励新生代员工，但这方面做得很好的企业，也未必就一定能很好地激发他们。

新生代员工更多的需求集中在马斯洛需求层次的上面三层，可以**概括为三个词：自主、胜任和关系，或者说三种感觉：自主感、成就感和归属感。**

下面我们将具体解释这三个词，以及相应地，企业可以做哪些事情来激励新生代员工。

自主或自主感

一个人不被任何外部因素控制，而从自己的内心出发，自主选择的行为，就是"自主"。这对应他的"自我实现"需求。新生代员工是不迷恋权威的，他们不喜欢被要求、被指令或被管束，他们希望对自己有更多的独立自主和掌控性，就像电影《哪吒之魔童降世》里面的台词"我命由我不由天"。员工需要感到他们的行为是自己选择的，而不是被外部强迫的。

这点对于企业和管理者来说，可以**通过参与目标设定和过程授权两方面来实现**，也就是在管理新生代员工的时候，尽可能让他们参与对目标和成果标准的设定讨论中，然后授权他们自主选择完成目标、达成结果的路径和行动。而作为管理者也需要在关键节点给予反馈，合理把控授权后的风险。

胜任或成就感

成就感，是一个人内在情感得到满足的重要方面。人必须感到自己有足够的能力从事这些行为，才会有动力持续行动。这种满足，对应他的"尊重"和"自我实现"需求。

企业经常会设计一些外在物质激励的政策，实际上，这些政策的激励效果，取决于员工对政策的解读和心理感受。如果员工对激励政策的感受是"我需要做一些事，用这些事的结果换取报酬"，那么员工会从"交易"或"交换"的角度看待这个政策，会打消他们行为表现的积极性。他们一旦认为交易不平等或不划算，将会减少或停止这些行为。

有个小故事可以说明。有位老人，每天有睡午觉的习惯。最近，有一群小孩子总是在他卧室的窗下玩，声音嘈杂，惹人烦躁。老人试过请孩子们声音放低些、换个地方玩，总是稍稍略好一些，没几天又恢复原样。后来，老人想了一个办法，他对领头的孩子说："看着你们在这里玩，我挺开心的。这样，我每天给你们每人10块钱，你们天天在这里玩，好不好？"孩子一听，在这里玩还能有钱拿，挺好！一周后，老人说："哎呀，最近手头紧，我只能给你们每人5块钱了，还请你们继续在这里玩，好不好？"孩子们一商量，5块钱，虽然有些少，也还成吧，继续成交。又过了一周，老人说："我没什么钱了，只能给你们每人1块钱了，好吗？"孩子们一看，给的钱太少了，不干。于是，孩子们都走了，再也不来玩了。老人又重获了安静的午睡时间。

因此，外在物质激励的设计要充分考虑匹配或牵引员工内在动机，也就是员工内在动机本来就是想做好这件事,当他做好这件事情之后他就能获得成就感,外部给到的物质激励只是对他做好这件事的认可与反馈。

激发员工的成就感,可以通过三个环节来实现:**事前,讲清楚某项工作的价值和意义;事中,让工作有一定的挑战性和趣味性;事后,做好认可与反馈,帮助员工实现提升**。这里的认可与反馈,是指报酬以外,给予员工精神层面或情感层面的认可和反馈。当然,无论是鼓励、挑战还是批评,均需从被激励人的角度出发,支持其自主,方能激发其内在动机。

关系或归属感

人不仅需要自主和胜任,还需要感受到自身与他人的联系,这对应他的"爱与归属"需求。新生代员工有个非常明显的情感需求,就是"被看见"。企业管理者要有能力也有责任,帮助员工看到自己的工作与同事、与团队、与企业、与客户,甚至与社会的关系是什么,并且帮助他们收集和呈现各方给予的反馈。

比如,有家企业在研发部门会议室,陈列本企业产品的实际应用图片,包含客户图片、应用的设备图片和重点参数、客户反馈信息等,以此让研发员工感受到自己的工作对客户应用的影响,以及对企业业务的价值,激发研发人员在工作中的价值感和归属感。

有的管理者会有意识地收集企业高管或第三方部门对自己团队和员工的意见和建议,通过正式沟通或非正式沟通,让员工得到来自他人的反馈。这一做法,除了可以让员工更全面客观地看待自己,也让员工感受到"被看见",激发了员工对团队的归属感。

总之,管理者有意识地做一些动作,让员工从自主感、成就感、归属感三方面得到满足,员工才会认为,**你不光是"手上有人",而且是"眼里有人""心中有人"**。

■ **本章小结**

1. 为了避免核心骨干流失，企业在薪酬、成长发展、工作与环境这三方面都要让员工有机会得到自己想要的，同时也尽量避免出现员工不喜欢的。
2. 要实现精准激励，合理的激励成本投入带给企业一定的价值产出，需要厘清"为什么分""分什么""分多少""怎么分""怎么干"等问题。
3. 通过"边分边干、边干边分"的方式建立企业和员工的信任关系。
4. 新生代员工需要重点满足其对自主感、成就感、归属感的需求，最大限度地激发他们的内在动机，促使他们持续创造价值。

■ **企业家诊断与思考的问题**

1. 我们企业优秀骨干的留存率怎么样？哪些原因导致核心骨干离开？
2. 我们的激励是否精准有效？是否有效牵引和激发员工产生正确的结果？
3. 我们企业的年度薪酬激励成本总额是如何确定的？
4. 我们企业的薪酬结构有哪几类？分别期望产生什么作用？其规则设置的依据是什么？
5. 我们企业的薪酬激励是否合理地拉开了分配差距？
6. 我们企业满足新生代员工的自主感、成就感、归属感三方面的情况如何？我们可以做哪些改善？

■ **延展阅读**

1. 《**内在动机：自主掌控人生的力量**》，作者爱德华·德西、理查德·弗拉斯特。该书以"自主决定理论"为基础，阐述内在动机对人们行为的正向意义。相对于追求外在的金钱、名声和社会强加的评价标准，只有满足内心对自主、胜任和联结的基本心理需要，人们才能产生内在动机，保持对学习和工作的兴趣，过上真正自主和幸福的生活。

2. 《薪酬激励新实战：突破人效困境》，作者孙晓平、季阳。该书提出了薪酬激励体系设计的整体思考框架和方法论，针对六大薪酬激励痛点，结合实际案例充分解读了各种方法及适用场景，让读者在书中"六维动态薪酬激励模型"框架和方法流程的指导下，结合企业实际战略及业务场景，制定合理有效的解决方案。

PART 6

第 6 篇

聚人心
管理革新五力模型之向心力

如何凝聚人心，如何提升团队归属感和向心力，是一个复杂综合的话题。对于成长期企业来说，凝聚人心最关键的是管理团队中每个人的言行。管理团队包括两种角色：企业家和承上启下的中高层管理人员。

那么，成长期企业需要什么样的企业家和中高层管理人员组成的管理团队呢？我们认为，**最有效的管理团队 = 有职业管理气质的企业家 + 有企业家精神的中高层管理团队**。

本篇将分两章，分别从"打造有企业家精神的中高层管理团队"和"有职业管理气质的企业家的七大管理信条"阐述这两个凝聚人心的重要影响因素，并提示企业家和中高层管理人员如何有效带领团队、凝聚人心。

CHAPTER 11

第 11 章

打造有企业家精神的中高层管理团队

什么是企业家精神？谁需要企业家精神？

"企业家精神"一词最早出现在法国经济学家萨伊的著作中。萨伊认为："企业家是能把资源从生产力和产出较低的领域转移到较高的领域，并敢于承担一切相关风险和责任的人。"德鲁克认为："企业家精神是面对未来的不确定性，通过对机遇的周密分析、系统的创新实践、目标明确的辛勤工作，敢于承担责任与风险，面向未来实现创新与创造。"

关于谁需要企业家精神，德鲁克认为，企业家精神不仅限于企业家群体，而且适用于所有组织、机构甚至个人。

那么，我们应该如何打造有企业家精神的中高层管理团队呢？本章将通过以下三个话题的探讨，帮助你思考和实践。

（1）从个体特点层面，具备什么样的素养的人才算拥有企业家精神？

（2）从政策机制层面，如何培养面向未来的创新与企业家精神？

（3）从组织系统层面，如何打造具有企业家精神的协同团队？

具备企业家精神的人有三个特点

如何识别和判断一个人是否拥有企业家精神？或者说拥有企业家精神的人应该具备什么样的素养？结合对德鲁克理论的研究和实践，我们总结了三个关键点。

（1）**拥抱变化，引领变革，创造未来**。是否拥有企业家精神，有个重要的判断标准，那就是面对变化、不确定性和风险的态度。一般情况下，大部分人会选择逃避、拒绝或者躺平接受，而拥有企业家精神的人，会拥抱变化，将变化视为机遇，引领变革，主动创造未来。

塔勒布在《反脆弱》的开篇写道：风会熄灭蜡烛，也能使火越烧越旺。当变化来临时，选择因势而变，积极主动地拥抱变化，迎接挑战，还是因循守旧，墨守成规，排斥或无视变化，会造成两种截然不同的结果。

下面分享一个"拥抱变化，引领变革"的成功案例。

■ 案 例

水泥行业是一个相对传统的行业，随着近几年房地产行业趋势的下行，水泥行业出现严重的产能过剩，尤其是受新冠疫情影响，工程项目施工阶段性受限，生存还是死亡成为摆在所有水泥上下游企业面前的一道难题。

广东鑫茂实业有限公司的"90后"总经理刘家伟也不得不面对这一生死难题。作为一家水泥经销商，公司受房地产行业趋势下行和新冠疫情的双重影响。面对困境，刘家伟没有选择坐以待毙，而是拥抱变化，逆势而上。

他一方面主动出击，利用互联网，在线上整合上下游的客户资源，实现水泥销售区域性壁垒的"破圈"，进一步打开了销售空间。另一方面，转危为机，积极寻求突破和发展，开发出一套尾款供应方案，成功解决了下游客户面临的资金周转难题，受到客户的广泛好评，还顺利收获一大批新客户，逆势而上，逐渐做到了行业的头部位置。

（2）**重视责任和贡献，而不是权力**。德鲁克认为，衡量一个人是否是管理者的标准，不在于他担任什么职位，拥有什么权力，是否带下属，而在于他是否"为成果担责"。因此，拥有企业家精神的重要素养是重视责任和贡献，而不是权力。德鲁克在提醒管理者重视责任和贡献时说道：有效的管理者并非为工作而工作，而是为成果工作。他们首先会问："组织期望于我的是什么？我能为组织做出什么贡献？"德鲁克认为，管理者应该从三个方面承担责任和贡献：创造直接经营成果，树立或重塑组织价值，培养与开发企业明天需要的人才。

那如何定义管理者正确的责任和贡献呢？正确的责任和贡献要由外而内定义、自上而下定义，老板的企业家精神更多地体现在重视对客户价值的责任和贡献，中高层管理者的企业家精神更多地体现在对企业整体绩效的责任和贡献。

而权力是管理者更好承担责任和产出贡献的工具手段，不应该成为目的，责任、贡献和权力要对等起来。比如某公司仓库负责人岗位，如果责任和贡献要求只是看管仓库、确保货物安全的话，那么权力就是货物如何摆放的决定权等；如果责任和贡献不只是看管仓库、确保货物安全，还要对收发货成本和效率负责，那么权力才能扩展到仓库人员的管理权、物流供应商的选择评估权等。

（3）**工作兼顾整体与局部、当下与未来**。德鲁克在《管理的实践》书中谈到了"三个石匠"的经典故事。有三个石匠在干石匠活，有个路人经过，问他们在做什么。第一个石匠说："我在打石头，养家糊口。"

第二个石匠说:"我在做全国最好的石匠活。"第三个石匠说:"我在建造一座大教堂。"

谁才是有效的管理者?答案是第三个,因为第三个石匠说的"建造一座大教堂"才指向贡献,指向系统整体的目标。德鲁克认为第二个石匠是最让人头疼的,"做全国最好的石匠活"只是个体局部的目标,第二个石匠心中只有局部目标,忽略了整体目标。这像极了企业中很多"专业导向"的部门及管理者,错误地认为自己专业的发挥对组织是最关键的,于是尽全力为自己的专业争取更多的权力和资源。德鲁克在《卓有成效的管理者》书中一再提醒专业人士要避免限于专业深井和知识诅咒,专业人士有责任主动让他人了解自己的工作以及自己的工作将如何帮助他人以及整体达成目标。

除了兼顾整体与局部,拥有企业家精神的管理团队还应该兼顾当下和未来。只有内心抱有组织更长期的目标,在面对当下的艰难抉择时,才能做出正确的决策;面对当下的机会诱惑,才能做到"将军赶路,不追小兔"。当然,心怀长远梦想和目标的同时,真正拥有企业家精神的人还要带领团队将梦想和目标转化成当下具体的任务和行动,用当下的有效努力创造美好的未来。

培养面向未来的创新与企业家精神

管理大师德鲁克认为,企业家精神是面向未来的创造力。德鲁克在其著作《创新与企业家精神》中强调:创新和企业家精神都是可以通过学习和实践获得的,德鲁克提出可以从以下三个方面制定政策并付诸实施。

(1)管理层应将变化视为机遇,而不是威胁,并通过系统的放弃政策,将优质资源解放出来,付诸创新行动。管理层应将更多的目光和精力放在寻找机遇上,而不只是解决问题。当然,企业应该关注问题,并严肃对待，及时处理。但是如果企业只讨论问题，机会就会悄悄溜走。建议企业每月举行两次经营分析会议，一次专注于问题的解决，另一次专注于机遇的探讨。

而企业要想将创新想法付诸行动，必须把有能力的人解放出来，并确保给创新投入充足的财力。这就需要企业制定一个系统的放弃政策，因为企业很多资源都被过时的东西所占用和吞噬，这些资源包括有能力的人、时间精力和财力。因此，企业应该定期审视和检查企业现有产品、服务、市场、技术，凡是废弃的、过时的、没有生产力的，以及错误的、失败的和误导性的工作都应放弃。这样的系统性检查与放弃政策，应该至少每三年进行一次，由此确定创新需求，并制订出有明确创新目标和有期限的计划。

（2）企业必须对创新进行系统衡量和评估。创新存在不确定性，但绝不是无序的。企业首先应该在每一个创新项目开始前，思考："我们从该项目中期望获得什么结果？预计何时可得到这个结果？何时对项目进展作出评估，以便对其进行控制？"

然后每隔一段时间，企业应该对所有创新进行汇总评估，思考："哪些创新努力需要获得更多支持并加以推动？哪些创新努力已经开启了新的机遇大门？哪些创新努力没有达到我们的预期目标，应该采取哪些措施？现在是放弃某些创新努力的时候，还是需要加倍努力的时候？如果的确到了需要加倍努力的时候，那么期望的结果和最后的期限又是什么？"

（3）建立组织结构、人员激励奖惩等方面的具体措施，鼓励创新实践。在组织层面，应该将创新项目与现有的项目分开。因为新项目一开始往往都看起来微不足道和前途未卜，所以如果不分开，创新项目很可能会被惯性地让位于已经实现的、强大的旧有项目。同时，创新项目应该由高层管理者直接负责，创新工作应该直接向"负责创新的高级管理者"汇报。

创新项目之所以要分开设立,还有一个重要原因,就是关键人员的待遇问题。创新项目的关键人员薪酬激励不应该按已有的方式计算,必须用不同的方式,让关键人员享受未来利润分红是个不错的选择。如果创新失败,他们应该有权选择回到原来的工作岗位,并享有原来的薪酬。创新失败不可能得到奖励,但也不能因此遭受惩罚。

打造基于责任和贡献的协同团队

我们先来看一个真实发生在跨部门沟通交流中的案例。

■ 案 例

某女装电商 J 公司的周例会上,出现了一个在很多企业普遍存在的场景。主角是公司非常重要的两大部门：运营部和产品部,前者负责销售业绩的达成,后者负责产品的开发与供应。

运营部："我们今天想讨论一下关于产品开发与供应的流程,请产品部把以往实际执行的工作流程展示说明一下。"

产品部："这就是一直在执行的流程图,而且这个流程一直都有,为什么今天要拿出来讨论,是不是就因为你们运营部跟老板最近去上了流程课？"

运营部："今天的讨论,我们主要想解决两个方面的问题：一是当我们发现市场上有潜力的款式时,怎么才能保证最快的跟款速度？二是我们想清楚地了解现在流程中每个节点及对应的责任人,不管能不能快速跟款,都希望能够给到我们快速的反馈。"

产品部："现在提新款需求的人那么多,也比较零散,建议管控一下你们提的需求准不准,爆款命中率高不高,否则我们可能做了很多无用功。"产品部还补充了自己之前统计过的爆款命中率数据,以支撑自己的观点。

运营部:"我们提的需求有产品布局方面的考量,并不一定需要全部命中爆款,只看命中率是不对的……"

产品部:"如果你们要的产品总是销量不高,会影响供应商的配合度和进一步合作的意愿。"

如此往返对话,很难达成共识。

其实,除了这场会议,这两个部门之间协同的类似情况以前也时有发生,比如运营部觉得产品部款式设计得不够好、不够快,产品部觉得运营部提的需求不够清晰、不够及时等。

所以,大家自然而然地又一次把问题归结到了"协同"这个词上,感叹一句"还是因为产品部不懂运营,运营不懂产品啊",又或是"我们公司的协同力真的很差"。

两类跨部门协同问题随处可见

以上场景仅仅是一个缩影,其实不管是在 J 公司还是在其他成长期的公司,随着团队越来越大、分工越来越细,跨部门协同方面的问题一定会出现,也就是大家常常提到的部门墙。常见的部门墙主要有以下两类。

(1)主业务流程中各个部门之间的协同问题,主要包括"研发→生产→营销→销售→售后"这条链路上的各部门。在这条链路上,最接近客户的一般是销售和售后部门,直接承担企业业绩目标的更多是销售部门,所以对"协同"问题吐槽最多的也是他们,销售部可能会吐槽研发进度太慢、生产进度或品质影响成交、品牌营销没有给到很好的流量支撑等,而售后部可能还会加上销售部太成交导向,导致售后问题处理越来越复杂。

(2)主业务流程链上的部门和中后台支撑部门之间的协同问题,主要包括前者与法务、风控、财务、人力资源等部门的不协同。他们往往会吐槽法务部太死板、财务部掉钱眼里、人力资源部不干人事等。

其实协同不佳是多数企业都会面临的问题，因为分工必然会带来每个部门或角色更加专注自己所在的领域，他们都有自己的责权利边界，并在自己的界限内有更专业的认知与视角，这种视角会逐步导致人们无形中更看重自己的边界与目标。

而站在企业整体发展角度，各部门需要秉承"整体最优大于局部最优、整体利益大于局部利益、整体目标先于局部目标"的原则。因此，企业管理层要做的是，**先承认和接纳跨部门协作困难的客观现实，然后再通过合适的方式方法，拿捏好"分工与合作""专业与成果""局部与整体"间的平衡**。

提升跨部门协同效果的五个关键点

跨部门协同不畅的问题是表象和结果，要想解决问题，我们就要分析影响跨部门协作的关键因素有哪些。基于大量实践我们发现，"成长期企业管理革新五力模型"中的各维度就是跨部门协作问题的关键影响因素，当然我们也就可以从这几个方面来探索和落地提升跨部门协同效果的具体做法。

（1）**目标协同**。目标的协同是一群人、一个团队、一个组织最重要的基石，关于这部分我们在本书第2篇从战略共识和目标共识两个方面展开了分析，你可以回头再去看看具体的思考框架和落地做法。

事实上，战略和目标本身没有对错，更多的是取舍和选择。因此，跨部门协同的前提是大家对企业整体目标的取舍与策略选择达成清晰的共识，这样才能明确组织中哪个部门才是重心和驱动部门，明确各部门间的衔接关系。比如，如果企业的核心竞争力是产品，那么基于市场的产品设计开发部门就是企业的重心和驱动部门，而生产和销售是随之而动的。但如果企业的核心竞争力是销售，那么销售部门就是企业的重心和驱动部门，这个时候产品开发和生产供应就要跟着销售的需求走。

（2）组织协同。组织的协同是要清晰定义这一群人、多个团队具体如何开展工作。关于组织与机制的设计，我们在本书第3篇做了具体分析，你可以回头再去看看具体的思考框架和落地做法。

而组织协同有个非常重要的基础是业务流程，也就是做事情的先后顺序及标准。**业务流程中重要节点的交互界面对跨部门协同效果的影响尤为关键。**

什么是流程节点的交互界面？打个比方，流程节点的交互界面就像接力赛中交棒环节。我们都知道交棒环节是影响接力赛成绩最关键的环节。交棒环节不是简单一瞬间的事情，而是要清晰沟通并明确交棒人具体如何做以及接棒人具体如何做，双方通过并排跑一段时间实现接力棒的顺利交接才算成功。而流程的交互界面也是这个道理，需要明确各个流程节点的交互界面上各方的定位、职责、权限、成果标准等。

回到J公司的案例中来，产品部和运营部之所以出现争议，最直接的影响因素是新品开发供应流程不够完善，特别是在具体流程节点的交互界面定义上不够清晰，比如在运营部提出款式需求的节点上，运营部应该将这一职责扎口由经验丰富的运营人员来承担，这样会更好地显性化运营部的产品布局矩阵，同时双方共识以表格形式呈现，用以传递具象化、可同频的需求信息。

（3）能力协同。能力协同是指跨部门协作流程中关键岗位上人的能力是否胜任。关于这部分我们在本书第4篇人才管理的章节中展开了分析，你可以回头再去看看具体的思考框架和落地做法。

就拿篮球比赛打个比方。五名球员有各自的位置角色，如果要打出精妙的战术配合，这五名球员是否匹配战术中相应位置的能力要求，是战术配合能不能打出来的前提基础。比如某项挡拆战术中可能需要中锋有一定的投射能力,这样后卫才有更好的空间突破上篮,那么,后卫球员的突破能力和中锋球员的投射能力就是战术实施的基础。

回到上面说到的 J 公司案例,运营人员能不能显性化运营部的产品布局矩阵,是业务流程中关于需求提交节点交互界面能否很好实现协同的重要基础。

(4)激励协同。激励协同是通过利益的捆绑来牵引和推动一群人共同配合得到想要的结果。关于这部分我们在本书第 5 篇从绩效管理和薪酬激励两个方面展开了分析,你可以回头再去看看具体的思考框架和落地做法。

与 J 公司的产品和运营部协同困难类似的场景还是非常普遍的,有些企业会考虑从组织设计和激励机制的角度入手来解决这个问题,也就是组建小组制,将产品开发和销售人员横向组建成小组,组内负责所有产品开发、供应和销售的职责,并基于所负责产品销售的业绩进行激励分配。当然任何解决方案都有利有弊,也是有前提条件的,企业需要结合自身特点及未来发展需要进行思考和选择。

(5)领导协同。领导协同是核心中高层管理团队成员之间相互信任与协作的结果,这种相互信任与协作关系依赖于有效的中高层管理团队建设。

关于如何提升中高层管理团队信任与协作问题,兰西奥尼在著作《团队协作的五大障碍》中分析了一个管理团队最可能遇到这五种典型的障碍。

一是缺乏信任。这个问题主要源于团队成员大都害怕成为别人攻击的对象,所以不愿意敞开心扉,承认自己的缺点和弱项,从而导致无法建立相互信任的基础。而它也成为第二大障碍产生的原因。

二是惧怕冲突。缺乏信任的团队无法产生直接而激烈的思想交锋,取而代之的是毫无针对性的讨论以及无关痛痒的意见。

三是缺乏承诺。团队成员如果不能切实做出承诺，在热烈、公开的辩论中表达自己的意见，他们即使表面上在会议中达成一致，也很少能够真正统一意见，全心投入。

四是逃避责任。由于没有在计划或行动上真正达成一致，所以即使最认真负责的人发现同事的行为有损集体利益的时候，也会犹豫不决而不予以指出。如果团队成员不能相互负责、督促，第五大障碍也就有了赖以滋生的土壤。

五是无视结果。当团队成员把个人的需要（如个人利益、职业前途或对能力的认可）或者他们部门的利益放在整个团队的共同利益之上时，就导致了无视结果。

那么如何推动高管团队建设呢？阿里铁军文化建设者之一欧德张在其著作《铁军团队》一书中，将团建分为思想团建、目标团建和生活团建三类。这些不同形式的团建，可以凝聚团队成员取得共识并塑造成员的行为习惯，打造一支充满战斗力、凝聚力、文化渗透力的铁军团队。

■ 延展阅读

1. **《创新与企业家精神》**，作者彼得·德鲁克。该书就创新与企业家精神的关键问题给出了答案：如何寻找创新机遇？将创意发展为可行的事业有何原则和禁忌？什么样的政策和措施才能使机构成功地孕育出企业家精神？如何成功地将一项创新引入市场、赢得市场……
2. **《团队协作的五大障碍》**，作者帕特里克·兰西奥尼。该书用小说的形式，展示了团队矛盾冲突、处理、拉锯，再到初见成效的过程。
3. **《铁军团队》**，作者欧德张。该书深刻揭示了阿里铁军的团建模式、目标设定、PK 文化、制度保障等可执行的方法体系。

CHAPTER 12

第 12 章

塑造有职业管理气质的企业家

管理大师德鲁克在《管理的实践》书中谈到,企业如果要成功地成长,先决条件是管理层必须能够大幅改变态度和行为。一个企业只能在企业家的思维空间里成长,企业的天花板往往就是企业家的学习和认知能力。因此,成长期企业管理革新能否成功,有一条重要的隐藏线,那就是企业家的自我蜕变,蜕变成为"有职业管理气质的企业家"。

什么是"职业管理气质"?我们认为,职场中 90% 以上的问题都可以归结于角色认知不准确,其中影响最大的是企业家的角色认知不准确。因此,**我们对"职业管理气质"的定义是:基于准确角色认知的合适言行。**

只有当企业家认识到自己也只是整个企业组织中的角色,从"企业家的企业"认知转向"企业的企业家"认知，并且基于这样的角色认知谨言慎行，才能真正"为企业加冕"，实现从"个人驱动"转向"组织驱动"，从"人治"转向"法治"，从"个人英雄式领导"转向"组织领导力"。

考虑到成长期企业通常情况下，企业家在组织中担任着 CEO 的角色，因此，为了更直接、更便于理解，本章节将用"CEO"统一代指身处 1 号位的企业家 / 老板 / 核心创始人。

CEO 如何塑造职业管理气质呢？我们总结了七大管理信条。

（1）自我突破，警惕优势陷阱。

（2）目光放在外部，而非沉溺于内部。

（3）把绩效作为评价标准，而非个人喜好。

（4）扬人所长，而非求全责备。

（5）拥抱异见，而非一言堂。

（6）基于事实，面向未来，做艰难决策。

（7）身体力行，为组织塑造价值观。

自我突破，警惕优势陷阱

■ 案　例

有一家我们长期辅导的电商企业，老板是"90 后"，大学一毕业就开始带着几个同学一起创业。最开始这家公司是做代运营业务的，老板自己的电商运营经验和能力特别强，甚至给别人讲运营的培训课程。5 年前，公司战略转型，决定深耕一个类目打造产品设计、生产与线上销售的闭环业务，5 年时间就做到了销售额 3 亿元的规模。

在一次交流中，这位老板跟我说："现在公司面临的最大挑战是运营团队的梯队一直没有培养出来。"我笑着回答："你可能掉进了'优势陷阱'。你是老板兼 CEO，但似乎还兼了运营总监的角色，恰恰是你在运营方面的能力优势非常突出，才间接导致了公司运营团队的梯队成长不起来。"

听完之后，他陷入了沉思……

这样的"优势陷阱"在成长期企业并不少见。企业最初能够创业成功，大多得益于 CEO 自身在某方面的能力优势，比如销售能力强或者技术能力强等，这些优势在企业初创期、快速发展期都是很强的推动力。但随着企业业务和团队规模不断扩大，CEO 的精力必然也分配到其他更多的维度，这个时候问题可能就会出现，原来 CEO 最擅长的领域，比如销售或技术，这些领域的人才能力和梯队建设反而最弱。为什么？因为这些领域是 CEO 特别擅长和在意的，CEO 有着非常高的工作成果标准，不能忍受下面人做得不完美，忍不住干预也会比较多。这样一来，下面人也就逐步养成了不独立思考、不承担责任的习惯，最后都沦落成 CEO 的"助理"。

CEO 掉入"优势陷阱"不仅带来人员梯队培养的问题，也会让自己一直停留在不断发挥优势的舒适区，从而丧失了自我突破和成长的机会。CEO 不能不断突破成长，组织就必然会停在某个高度的天花板。

基思·R. 麦克法兰在《突破之道》中提到：创业领导人不能跟上公司的脚步，通常不是因为他们的短处，而是因为过度发挥了自己的长处。他们强烈的干劲、应付多方面的努力以及迅速转变方向的能力，对于早期的发展来说是特别重要的，但在更大的舞台上却可能成为他们的弱点。

因此，企业进入成长期后，CEO 应该不断审视校准自己的角色认知，弄明白这样的角色需要自己做好哪些事情、哪些事情应该放手交给下面人、哪些事情应该停止，将更多的时间精力聚焦在组织关键成效和自我突破成长上，不断促进组织发展。

目光放在外部，而非沉溺于内部

成长期企业会集中式地出现各种各样的组织和管理方面的挑战，这个时候 CEO 会被各种问题狂轰滥炸，于是，CEO 很容易会因为焦虑将过多的精力和目光放在组织内部，希望尽快解决这些问题。

但是管理是个慢变过程，变革需要沉得住气地精心思考和设计，急于求成反而弄巧成拙，不但这些发展中的正常管理问题没有解决，反而产生更多负面的情绪和效应。更糟糕的是，这些负面的情绪和效应一定会影响业务经营的结果，最终 CEO 陷入管理问题频发、业务经营不理想的双重困境。

怎么办呢？我们建议：一方面 CEO 要根据本书前面介绍的方法发挥团队的力量，同时也可以考虑借助第三方专业的咨询团队，系统地探索管理革新的具体方法、措施与步骤，内心从容地接受持续改善的过程。

另一方面，CEO 应该始终让自己及团队将更多的目光放在外部，对外部行业、市场、客户、竞争对手等情况进行持续的信息捕捉与洞察分析，把握更优质的业务机会实现有效增长。对于企业来说，价值永远来自外部。

对企业 CEO 和高层来说，对外部市场机会的敏锐捕捉和洞察，是个非常重要的课题。

很多人似乎有这样一个误区，觉得那些优秀企业的 CEO 都是天生具备高瞻远瞩的能力和深刻洞察力的，一般人是很难做到的。我并不否认他们确实有高于常人的认知能力，但我认为中小企业也可以通过一些机制方法来提升对商业变化的洞察能力。

具体来看，可以从以下几个方面着手。

（1）**走出企业，与外界直接接触**。所有的变化都是一点点累积起来的，只是在某个时点突然爆发。所以，企业 CEO 或高管应该让自己有固定的时间精力，与外界直接接触。这里的外界包括但不限于客户、消费者、供应商、合作伙伴、行业主管部门、行业趋势会议等。CEO 要能够在亲身接触中，感觉出那些一点点累积的变化。

（2）建立能够让市场一线信息自然传递到 CEO 面前的机制。很多企业规模不大，但 CEO 能听到、看到的信息都是被过滤过的，这对于 CEO 来说是非常可怕的。因此，CEO 应该极力推动建立能让市场一线信息自然传递给自己并得到足够关注和回馈的机制，同时通过有效的文化和激励来支撑这种机制的良性运转。

（3）养成"洞察和挑战行业既定假设"的思考能力。什么是"行业既定假设"？举个例子，过去消费品连锁企业对门店的既定假设就是"最终实现交易的地方"，而当下很多新零售企业告诉我们，这个既定假设是可以被挑战和打破的，门店不再只是"交易的地方"，甚至就不是"交易的地方"，而更多的是"品牌展示和用户体验的地方"。

我们认为以上三点，可以帮助企业 CEO 和高层管理团队，修炼对商业变化的敏锐捕捉和洞察能力。

把绩效作为评价标准，而非个人喜好

CEO 也是人，也有个人喜好和情感需求，因此，在决策和判断中难免会受到关系和情感的牵绊。比如，某项业务是 CEO 几年前发起孵化的，但这几年迟迟发展不起来，而且无法与主业发挥协同效应，这个时候能否果断舍弃该业务？再比如，某个人明明不能胜任管理者的角色，但他是一直跟随自己多年的老人，这个时候能否对他进行调整？

回到本章开头部分，我们对"职业管理气质"的定义是：基于准确角色认知的合适言行。CEO 个人应该明白自己的角色是这个企业组织的

CEO 岗位，而所有的决策和行动要聚焦于"CEO 岗位应该为组织创造什么样的成效"上，而不是个人喜好和感受。

德鲁克在《卓有成效的管理者》书中说道：在以工作或任务为主的组织环境中，如果我们不能有所贡献，那么即使能与其他人和谐相处、愉快交流，又有什么意义呢？

德鲁克对企业家最重要的提醒是：**真正考验组织的是绩效精神**。组织必须聚焦于绩效。绩效精神的第一个要求便是坚持高绩效标准，对整个组织以及个人都是如此。组织必须养成争取出色成就的习惯。其次，与岗位安排、薪酬、晋升、降职、离职有关的决策，都必须体现出组织的绩效精神、价值观和信念。同时，在组织内的人事决策中，高管层必须表明，正直是对管理者的一项绝对要求，高管层还必须展示出自身具备同样的正直品格。凡事以绩效作为评价标准，而非个人喜好，这样才能真正实现组织的公正，而公正是组织赢得员工信任的重要基础。

CEO 注定是要忍受孤独的。如果 CEO 在努力让所有人都理解自己和喜欢自己，那么组织的成效一定会大打折扣。

扬人所长，而非求全责备

20 世纪 70 年代，美国加利福尼亚州成立了一家小型计算机公司。成立伊始，公司急缺人才，于是年轻的老板就聘请了一些被其他公司解雇的人，其中包括一个在三年时间里没有开发出任何软件的工程师。一时间，同行们都嘲笑那个年轻的老板是个傻瓜，并给那个公司取了一个外号：垃圾回收站。

在一次酒会上，那个三年都没有干出成绩的软件工程师的前老板问年轻的老板："那个被我解雇的工程师给你研发出了什么软件？"年轻的老板说："到目前为止，他一个软件都没研发出来，不过我让他做了市场推广总监和培训讲师。虽然他不适合研发软件，但是他精通计算机的功能，很喜欢跟客户打交道，并且乐意将他的知识传授给其他销售人员。"停了一会儿，他继续说道："这个世界上从来没有全才的员工，而我所用的，就是员工身上最优秀的那部分。"

这家小型计算机公司是苹果公司，而这位年轻的老板就是乔布斯。

但现实中，我们经常听到某企业 CEO 抱怨说这个人整体都挺好的，就是脾气太冲这点不好；某企业管理层抱怨有个产品经理产品开发和管理能力还是不错的，就是爱睡懒觉，经常迟到……这种用人的态度其实是"用无重大缺点的人"，而不是"扬人所长"。

德鲁克在《卓有成效的管理者》书中提到：管理者的任务不是去改变人，而在于充分运用每个人的才干，包括自己。作为企业 CEO，当你在为某个人的人岗匹配问题困扰时，你应该按顺序思考和回答以下三个问题。

（1）这个职位最需要的才干和结果产出是什么？他有没有、能不能？

（2）他的才干是什么？什么样的职位更适合他？

（3）这个人有什么问题？这个问题是否影响结果和贡献？

对这三个问题的思考和回答，可以帮助你做出更有效的判断和决策。

如果第一个问题的回答是"是"，那就跳过第二个问题，思考第三个问题。

第三个问题的回答如果是"有问题且影响结果贡献"，那就帮助他直面问题，进行改进提升。第三个问题的回答如果是"有问题，但不影响结果贡献"，那就不要求全责备，要能够容人所短。

如果第一个问题的回答是"否"，那就考虑给他换岗。如果第二个问题的回答也是"否"，也就是没有什么职位适合他，那就选择辞退。

拥抱异见，而非一言堂

有一个经典的管理学案例，是关于通用汽车传奇 CEO 阿尔弗莱德·斯隆的。

斯隆曾在一次高层级会议中说了这样一段话："诸位，在我看来，我们对这项决策，都有了完全一致的看法。"出席会议的委员们，都点头表示同意这个决策。可是斯隆却接着说："现在我宣布，会议结束，此问题延迟到下次会议时再讨论。我希望下次会议的时候，能听到反对这个决策的意见。只有这样，我们也许才能对这项决策有一些真正的了解。"后来，一个月后，这次会议中提到的决策，被否决了。这就是斯隆先生一直坚守的原则："没有反对意见，就不做任何决策。"

而现实中成长期企业的议事决策场景可能是这样的：CEO 抛出个需要决策的议题，如果先问大家意见，要么没人回答或者回答得模棱两可，要么可能有部分人表达了自己的想法，然后 CEO 说自己的想法。一旦 CEO 有倾向性的意见，这个时候大部分人会附和同意，之前表达明确想法的人会快速对照自己与 CEO 的想法是否一致，如果不一致会在下一轮发言时及时纠正自己的观点……于是，最终决策就在大家"佩服 CEO 英明神武"的氛围中达成了。可想而知，这样达成的决策质量不会太高，而且之后对决策的理解和执行也不会很到位。

为什么会出现这样的场景？我们总结了几点可能的原因。

（1）曾经也会提意见甚至异见，但可能被 CEO 冷嘲热讽地说意见太幼稚，也可能被无情地驳斥，还可能被不置可否地忽视，在那之后管理层就选择了沉默。

（2）CEO 并没有把决策议题相关的背景和信息充分地共享给决策讨论人员，也没有给到大家提前思考准备的时间。

（3）更重要的原因可能是，管理层的责任、权力和利益机制不合理，导致大家不愿意也没有办法承担决策的责任和后果，凡事都让CEO来决策。

因此，CEO需要像斯隆先生一样，建立起"无反对意见，不做决策"的原则，让所有管理层相信他是乐于接受异见的，让大家理解异见是补充全新的看待事情的角度，可以提高决策质量。同时，要完善会议和信息共享机制，完善责权利机制，让大家愿意也能够承担起决策的责任。

基于事实，面向未来，做艰难决策

如果一个CEO每天非常忙碌并且做出大量决策，对于组织来讲这可能是个灾难。因为，这一方面意味着CEO代替中高层做了大量的日常决策，而且这些决策很有可能因为CEO对具体情况没有那么了解，导致决策是无效的；另一方面，这也意味着CEO没有把充分的时间花在思考那些更重要、更艰难的事情上。

CEO最重要的一件事，就是做出正确而艰难的决策。 然而，重要而艰难的决策需要考量兼顾的因素太多了，比如孵化一个新业务、砍掉一个持续不盈利的业务、推动一场组织与文化变革、聘任或辞退一位高管等。做这些决策都是非常艰难甚至痛苦的，身处其中的CEO很多时候受情感、面子、沉没成本、害怕冲突等因素影响，举步维艰、犹豫不决。

但真正导致艰难的原因并不是问题太过于复杂，分析不清楚，而是做出艰难决策的魄力和勇气不够。关于勇敢做出艰难决策，我想提醒以下几点。

（1）CEO要"面向未来"做正确而艰难的决策。对于昨天，CEO要敢于自我反思、自我修正、自我革命，要能够带领团队摆脱已经不再有价值的过去，把今天的资源投入创造未来中去。

在当下这个时代，政治、经济、社会、技术等因素变化莫测，只有那些有能力适应甚至引领变革的企业才能更好地生存发展。一个企业过去赖以成功的优势很有可能变成今天适应变化的最大障碍。比如，诺基亚不愿放弃已落后的 Symbian 系统，"在既有路线上一味追求高效率与成本控制"，让核心能力变成了核心障碍，当环境变化时，不敢革自己的命。再举个正面的例子，全球市值最高的公司亚马逊，在自营电商基础上推出 Marketplace（第三方卖家平台）就是在革自己的命，2012 年推出 Kindle 是在革自己纸质书业务的命。事实证明，敢于围绕行业发展及客户需求来不断革自己的命需要很大的魄力，但同时也可能会让企业获得更快的发展。

（2）CEO 要"基于事实"做正确而艰难的决策。基于事实，是指在理性的评估分析中要基于具体的数据、事例等事实来分析，避免用主观喜好和臆测来做决策。比如，决策是否辞退一名高管，CEO 需要基于以下三个方面的事实来判断高管与企业组织是否匹配。

第一，对高层团队来说，要评估这个人在文化价值观方面的匹配度，或者说就是他和现有的高管团队是不是一路人。

第二，对于组织来说，要评估他在成果产出方面有没有达到组织的要求，或者说未来是否能实现组织的期待。

第三，对团队下属来说，要评估他在团队带领和人才培养方面的效果。

（3）CEO 要"放下自我"做正确而艰难的决策。很多 CEO 都凭借着自己的勇敢做出选择进而获得成功，不过多顾忌别人的想法和目光。

比如苹果的乔布斯，在其整个职业生涯中，充满了各种在不被众人理解的情况下敢于坚持决策的情形，之后被时间证明创造了商业神话。再比如，尽管有很多不理解甚至质疑的声音，罗永浩的直播首秀还是成功落幕，3.5 小时总成交金额高达 1.1 亿元，对于电商直播带货的首播来说，这个数字突破了纪录。随后在接受"福布斯中国"采访的时候，罗永浩说："敢于不断尝试的中年人还挺有意思的。"

（4）CEO千万不要指望别人能代替你做决策。不管是核心管理层、外部顾问、行业专家，甚至是股东或合伙人，都无法代替CEO做决策。CEO要勇敢面对难题，做出决策，坦诚接纳和承担结果。

身体力行，为组织塑造价值观

"制定规则的是CEO，带头破坏规则的往往也是CEO"，这句话我们在很多企业都听员工说过。CEO如果不能遵守企业制定的规则，那对规则的严肃性是毁灭性的打击。

回到本节的主题，从"企业家的企业"转向"企业的企业家"，这要求CEO不能有任何特权，不能凌驾于组织规则之上。这也意味着，**CEO要借助法治来实现自我约束，定义好CEO岗位的责权利边界**。

组织的规则有很多，这其中"价值观"尤为重要，因为价值观明确的是组织共同的价值判断标准和行为准则，是组织最重要的边界和底线，决定了什么样的人、什么样的行为是突破边界和底线的。

价值观本身没有绝对的好坏，只有组织成员是否理解和认同。价值观听上去很虚，但就像空气一样，看不见摸不着，却从根本上影响着团队运作的效率。所谓"虚事实做"，怎么样才能最终做到价值观"外显于行，内化于心"呢？

当然首先是要对文化价值观的内涵和具体行为要求开展充分的研讨和宣贯，让所有人"知道"。其次，要让员工从"知道"变成"相信"。关于"相信"这一点，我建议企业特别是CEO及管理层要做好、做实以下五件事情。

（1）**CEO及管理层说什么话**。很多人说企业文化就是CEO的文化。确实，CEO及管理层的一言一行，特别是"言行是否一致"，会在员工心中种下一颗颗种子，不断发芽，最终决定了员工对CEO及管理层的信任度，进而决定了对企业所提倡的文化价值观的相信程度。

（2）**CEO及管理层关注什么事，做什么样的决策**。除日常言行之外，在面临某些冲突矛盾需要做出决策时，CEO及管理层的最终选择是否与企业所提倡的文化价值观一致，会更大程度上决定员工的相信度。比如，企业第一条价值观是"客户第一"，当企业在服务客户过程中因为企业的过错可能给客户造成一定损失时，企业高层决定是主动面对并承担一定的补偿责任，还是逃避、解释甚至推诿。

（3）**企业建立什么样的流程制度**。价值观是企业的底层逻辑和判断原则，流程制度是相对外显的做事程序和标准。如果做事层面的程序和标准与底层文化价值观相冲突，就会动摇员工对企业价值观的信任程度。比如，企业有一条价值观是"授权信任"，但企业在设定一线员工服务权限时基于风险控制又非常保守，那么"授权信任"这条价值观在员工心中就会荡然无存。

（4）**企业鼓励/惩罚什么样的行为**。既然价值观是基于行为明确规定的，也是最终外显于员工行为的，那么，企业鼓励/惩罚什么样的行为，自然就直接影响了价值观的落地。很多企业在价值观落地中，有两个方法比较常用：一个是"基于行为事例故事的传播"，另一个是"基于价值观行为的年终评优"。

（5）**企业重用/淘汰什么样的人**。价值观说到底最终目的是"识别和聚拢一批志同道合之人"。因此，企业重用什么样的人、淘汰什么样的人，标准是否与企业价值观一致，会在很大程度上影响员工对企业价值观的相信程度。

■ 延展阅读

1.《**突破之道：从平庸走向卓越**》，作者基思·R.麦克法兰。该书主要探讨能够从平庸走向卓越的小公司到底做对了什么。作者研究了 7000 余家曾名列 *Inc.*500 强的成长最快的企业。

2. **《卓有成效的管理者》**，作者彼得·德鲁克。作者的基本观念包括"对组织负有责任，能影响组织经营成果的人，就是管理者""管理者必须卓有成效""卓有成效是可以学会的"。本书 1966 年首次出版，已被译成 37 种语言，畅销全世界 130 多个国家，是深刻影响全球商界、政界高层人士的著作。

3. **《管理的实践》**，作者彼得·德鲁克。这是第一本把管理涉及的各个领域进行系统性论述的书。该书以"管理企业、管理管理者、管理员工和工作"三项管理任务作为主轴，围绕八个关键成果领域提出一系列极具前瞻性的管理见解，又从实践出发阐明了应用的途径，从而构筑了管理学科的架构。